You create your own reality.

新時代系列

心靈探險

賽斯修練法

Nancy Ashley 著
王季慶 譯

自序

當我在十年前第一次與賽斯相遇時，我認為他是個騙子。有個黃昏，我才認識不久的一個年輕女孩順道來訪，她充滿了來自一堂瑜伽課的高亢精力，臂下夾著一本紫色封面的平裝書，書名是《靈魂永生》，我只看一眼封面上的照片就知道那是什麼把戲了。這兒有某個在出神狀態的女人，假定是在接受來自某個其他次元的某個幽靈講的話。

多麼無聊的廢話！像我這樣一個自尊自重的大學教師才不會對那種玩藝信以為眞呢！那類玩藝到處都是，而那個凱西（她自稱是個通靈者）全都讀遍了。我又一次自忖為什麼我會那麼喜歡她。雖然十七歲的她和我兒子同齡，我們之間所有的卻非一種母─女的吸引力。這個新發現的友誼滿怪異的，它正在我覺得與我的老友以及我一度感覺為其一部份的世界疏遠了的這個時期來到。

三年前，在七年一次的休假年裡，我帶著一兒一女遠走西班牙。那是我頭一次體驗單親的責任，頭一次大規模的旅遊，頭一次對另一個文化有深入的了解。我曾預期在那離家、離國的一年裡，我的生活會有所不同，而的確也是如此。但我並沒預期，當我回到我從一九六〇年起就生活在那兒的熟悉的夏威夷世界時，它看起來也像是完全不同了，就好像我仍然在外國似的。在那時我並沒想到是我變了，因爲我仍自覺是同樣一個人——一個有過「休假年」經驗的單親；但除此之外，與以前並無不同。

我不再是一個「與一個男人有親密關係的女人」，而一旦回到了家，我就不曾預期那會對我的生活有多大影響。但我很快就發現它的確影響我能有的選擇——我的社交生活，我看別人的方式——就像是，我一生直到那時爲止都從未有過一個獨立的存在。而現在我有了，却不大確定我到底喜不喜歡它。

另一個不同在我對我教大學的態度。當我在西班牙時，我爲學寫作的學生作了一本教科書的大綱——我多年在夏威夷大學教學所發展出的許多教本之一——已被接受要出版了。但當我回來而重拾這工作時，我發現我不再相信它建立於上的那些前題了。事實上，我發現我不再相信以前所持的許多對寫作的教學與學習的前題。我甚至懷疑學生們眞能用一本書來學寫作。但如果事情眞是如此，我又如何爲自己的存在辯護呢？——因爲我覺得，那個存在是因有著作出版而得以合理化的。

不只是我新找到的獨立及我的工作令我感覺奇怪，我的朋友們也一樣。他們在這兒，談著和在我離開之前同樣的話題，好像那一年的離去根本從未發生過一樣。他們還是完全一樣使我不安——我不再能對他們的興趣激起多少熱情，但在同時，我又說不清楚自己興趣何在。至少這個凱西奇怪的興趣對我而言很新鮮很新奇。無疑的，我並不相信星象和轉世，那是她以「實事求是」的態度討論的；但話說回頭，我已不再知道我相信什麼了。

在這種心態之下——在凱西帶著我沒讀過的賽斯書來訪不久——我決定向學校請一年假到加州去，那是我來夏威夷以前住過的地方，是美國少數幾處我能找到對我稀薄的夏威夷血液而言，氣候夠溫暖的地方。我想，藉由換個地方，也許我能找到一個我在夏威夷得不到的對人生的看法。那時的我，揮舞著所有「中年危機」的典型癥候而必須想個辦法——花些時間走開去仔細思考我所經歷的改變。

有件事對我變得清楚了：我想要變成一個「作家」。幾年以來我每週花不少時間寫作，但就我而言，我已出版的文章和教本並不是「眞正的寫作」。要作個作家，你必須要寫**小說**，而那就是我現在打算做的事。

因此，我請了一年的假，帶著我十一歲大的女兒，以及想找個安靜地方寫作、同時也釐清我的存在的模糊想法到加州去了。但是還有養活我們這檔子事得照顧到。在金山大橋彼端的朋友家裡住了幾天之後，我覺悟到對一個無薪給的未來作家和她活潑的女兒而言，馬林郡是貴得離譜了。

然後碰巧有人提到馬林郡北鄰的索諾瑪郡住家比較便宜。因而在一個分外清爽、陽光普照的日子，我們無意中朝那邊開去，過了聖羅莎，進入西邊的巨大紅木森林裡。被那些樹的莊嚴之美所震懾，我們決定在那一帶找個地方住。我們剛巧在一個鄉村小店的布告牌上看到一則啓事，打了個電話，而在一小時之內就租下了在蒙里歐的一個廉價小木屋，位於洶湧的俄國河畔的紅木叢裡。

夠巧的是我們的兩位房東也都是作家，以他們一叢小木屋的租金來養他們的寫作習慣。那位太太屬於一個女作家團體，那個團體至今仍生氣勃勃的在附近的一個城裡活躍著。我們一見如故，而她可以說是任我踢叫地強拎著我去參加的——畢竟，我又不是個作家，去那兒幹嘛？但在我與作家團體碰面一次之後，我就上癮了——倒不是對寫作，反而是對和那些我所見過最迷人的、多彩多姿的女人們的交互作用而言。

在夏威夷我總以爲我的生活方式與我的大學同事比起來多少有點放蕩不羈。但在這兒，藏匿在「反文化」的氣氛當中，我覺得自己正經得緊。當我走進當地的健康食品店時，我老是自覺忸怩，我總是唯一穿著牛仔褲和毛衣而非一件嬉皮裝的人。這些人不知怎麼總能靠以物易物、交換、兼差和糧票而設法讓他們自己有地方住，有衣服穿，有東西吃。許多人是某種藝術家，而全都至少熱衷於一樣事情，不管是婦女運動、建造一間房子、學校制度、營養或禪。當然，我以那年休假在西班牙小城裡看村人同樣浪漫的眼光去看他們。但這些却是（多少）和我說同樣語言的同胞，而且，大多來自同樣的中產階級根源。在那一年裡我與其中不少人弄得相當熟了，而且還形成了幾個長存的友誼。

那麼，我們——我女兒和我——就在那兒，住在一個嬉皮社區裡巨樹下的小小木屋裡。大多數的日子我都花在我書桌旁，那是我由一張門板和裝橘子的木箱設計出的，擠在六呎乘八呎的廚房裡。當我女兒在河對岸橋邊不遠的、低壓力的學校裡閒閒度日的同時，爐子暖著我的背。但這並非我寫作「偉大的美國小說」的一年；除了少數幾篇短篇小說外，我寫的東西結果多半是自我探索性的。日子過得相當興高采烈——令人震撼的布景、得以認識這些人、我對小說的初萌芽的嘗試——但大部份時候我仍是悲傷的，我開始看出，我至今所追求而未成功的是透過婚姻生活得到一種方向感；現在則全靠我去找到我生命的方向了——那令我感到孤寂。同時，我也開始了解在我的工作上我一直在當女主角，我對學生的關心還不及我對當個明星有興趣——那使我對回去教書覺得不安。話說回來，在這兒我是和人同住著，他們有些和凱西一樣的怪，他們相信各種各類乖僻的事，而不去做那些他們「被認爲」該做的事，像是守住專職及存錢在銀行裡。他們如此驚人的充滿活力、多彩多姿又有吸引力，但他們却與我有天壤之別……或並沒有？

那麼，在蒙里歐這一年並沒幫我釐清什麼，而是令我覺察到我曾經是而不再是什麼。我略略得知，我在西班牙的一年給了我一個對實相的不同看法，我再也不可能是原來那個人了。在一個「陌生的」文化裡又過了一年使我改變得更多了。藉著觀察那些擁有不同信念（因而有一個不同實相）的人，我自己的信念也變得可見而相形之下變得不可接受了。我必須摒棄它們，却不知用什麼來取代。

就在此時，我第二度遇見賽斯，在準備離開我的森林環境回去夏威夷和大學時，我過訪一位朋友的家去跟她道別，她正巧在讀賽斯的《靈魂永生》。在所有這些人中間待了一年，我比來時要開通些而且好奇些。我打開書的半中間，讀到：「如果你擴展你的愛、健康和存在的感受，那麼你就會在此生及其他生生世世被吸向那些特質；再次的，因爲它們是你所專注其上的事。恨戰爭的一代不會帶來和平，愛好和平的一代才會帶來和平。」（《靈魂永生》，二五二頁）

那個概念有什麼「前衛」呢？我心裡奇怪。對我來說它滿有道理的。我很快地瀏覽一下書裡不同的片段——因爲這不是閱讀它的場合——而格外地爲它的清晰和一致性以及我感覺到在它背後的可靠性所震撼。在過去，我曾瀏覽過「奧祕的」書籍，發現那些文字很難看得下去，不論它們潛在的長處是什麼。但我却發現這本書寫得很清楚易懂，而且如凱西說過的：「很切題。」這個賽斯真的在對我說話呢！

回到夏威夷後，我買了當時已出版的所有賽斯書——《靈界的訊息》、《靈魂永生》及《個人實相的本質》。首先我把它們讀過一遍，在某些部份畫線，並在書頁邊批注。然後我回頭，開始做些他建議的練習，在我的日誌裡寫下所發生的事。不久我便建立了一個每日例行的「賽斯功課」，有大約三年的時間那成了我生活的主要焦點。我變成了有點像個隱者，只有去教課或去半條街外的海灘時才離開家。其他的時間我都在家，多半獨自一人。爲我自己創造一個新實相是我的目的，而賽斯是我信賴的嚮導。

一開始我對他的關鍵性概念——我們創造我們自己的實相——有所抗拒，因爲在那時，我的實相有許多令我不喜歡的地方。我爲什麼會創造它們？但我隨即開始去看那積極的一面，而看到我的實相的所有愉快面。開始欣賞、感謝自己做得「對」的地方，而看出那個概念的一個重要涵意：如果我們的確創造了自己的實相，那麼我們便能做我們想要的不論什麼改變。我們掌握著自己的命運！我看出我以前感覺多無助，相信「外在的力量」促使我做我做過的那些事，而我**沒有**辦法。因此這個新概念對我而言具有相當的啓示性。

過去這些年來我閱讀過很多心理學的書。六十年代初期我發現了馬斯洛，那時他說的話就如十年後賽斯對我說的一樣有意義。馬斯洛相信我們應該以健康、自我實現了的人作爲效法的楷模，而非以有缺陷、有需要的人作爲我們**不要**去效法的楷模。那對我而言是眞知卓見。他對已自我實現的人的描寫很有啓發性，但卻似乎不可企及。我無法只靠**意志力**使自己具有一種完整感和與所有其他人的相連感，以及自發、開放、誠實、善意、個人性、自治、遊戲性等等特性。有這種特質的人一定是與生俱有的，或有一個和我非常不一樣的童年，而且，就那一點來說，也是和大多數人非常不一樣的童年。畢竟，心理學書籍說我們在六歲以前已定了型；而且要改變那個型是難如登天——因而你最多只能對你自己是誰——一個靜態的、固定的模型——適應而已。

但由賽斯，我了解了我們並不爲我們的過去所擺布；我們**永遠**可以由改變我們的信念來改變我們的實相；我們可以只靠信心而創造我們所要的實相。要做到這個，只不過得發現那阻擋創造這新實相的**有意識的**信念，而後再以建設性的新信念來取代之。如果那些信念對我們而言是無形的，那是因爲我們把它們理所當然地視爲是我們實相的基本假設——而非由於它們是被埋藏在無意識心智的某處。（依賽斯所說，「無意識」——我們心智那向著宇宙調準的部份——要比我們所謂的有意識的、自我支配的心智要有意識得多；而且還與它一樣的條理分明，但卻是以一種不同的方式。）

一旦我得到了「我們並不爲我們的過去或一個不可測的無意識所擺布」這個令人激動的了悟，我便上了路。好像我的腦筋轉了個彎，在其後不論發生了什麼我都以一種新看法去看它。有些我以前會貼上「壞的」標籤的東西，我現在只把它看作是我還未曾覺察一個信念的證據。而一旦我覺察了，我便能改變它。有了這個新覺察，我不再覺得有必要去爲我所曾做的「壞」事傷腦筋了。我可以了解我爲何做那些事——因而對我自己做了那些事更能容忍。增加的自我評價和自信又隨之導致新的啓示、新的改變、更多信心——一種滾雪球效應。我常在日誌裡寫道，我是在一種如蠶繭的狀態，由信念來孕育一隻蝴蝶，而當我破繭而出，重新進入世界時，我用的是同樣的比喩。

當時間漸漸過去，我驚覺於這世界在我眼裡看起來要比以前生動了許多！有天我去一條我多年來沒有再走過的山徑遠足。在我記憶裡那是條陰沈的小徑，但這天它色彩鮮明，生機沛然。自此以後每次我看它都是那個樣子，而幾乎不可思議我過去能以任何別的方式看它。但我曾爲自己創造了一個陰沈的實相——在那條山路上，以及在我生活的其他面。

今天，所有那些全都改變了。在過去五年來我不記得有任何感覺沮喪的時候。我的心情由幸福感——大多的時間——變爲微微不耐——當我的信念生效得不夠快時。我對我的獨立已變得非常自在了，而當我克服阻礙、解決困難或向未知探索時，我愛那種勝任的感覺。我在大學裡的工作已完全改變。我不再「講課」，而是把我的課變成了「研討班」，由學生來主持，而我自己儘量置身幕後。透過這方法，我十分自然地想到以「練習簿」形式爲學寫作的學生寫成教學資料這個新主意，那本書很快就將出版。

目前我的朋友有各種各類的，反映出我更多樣的興趣及對許多觀點更具雅量。在變得和大自然及其深沈的節奏更和諧一致之後，我安排我的生活環境使我能盡情利用到它的撫慰性效果。我在歐胡島北岸有田園風味的濱海小屋，棕櫚環繞，外瞰拍岸驚濤，陣陣信風透過紗窗吹來成了天然的通風設備。當我在寫這篇文章時，我正在觀賞屋後的青葱山脈。我的藝術作品掛滿了牆面。好些年來我曾玩票性地作畫，但卻從未對我的成品感到滿足過。然後有一天，在好幾個月的檢查我對我創造力之本質的信念之後，我想出一種用布做的半浮雕——一種對我正合適的表現媒介，表達出從未在我任何著作裡出現的強烈官能美感。我開始定期製出作品，而現在它們已開始吸引別人的興趣及買主。

自從我開始有意識地創造我自己的實相之後，發生了這麼多的新發展。一天我在海灘上重讀《心靈的本質》（我從沒停止由那些書學習），突然有了一個衝動，我立即把它寫在書頁的空白處——因爲我已變得信任我的衝動了。我寫道：「一本賽斯練習簿。」第二天我給珍・羅伯茲發了封信，提議由我寫一本與賽斯書同步的修練法，並且把我想要做的事列出大綱來。在兩週內，我收到了回信，說我那主意不錯，我可直接給出版商寫信，我照做了。而其餘的，如他們所說，就都成歷史了。

這個長而不害臊的自我祝賀式的敘述之目的，乃是想說明，絲毫不假我們**的確**創造了我們自己的實相，而如果我們發現我們對它不甚滿意，就能改變它。當然，如賽斯提出的，我們的實相本來就是流變不居的，但我們可以更有意識的介入那些改變裡，如果，首先，我們相信我們能，其次，在上面用功。當我回顧時，我可以看出我是如何的一逕在創造我的實相；我沿路所做的選擇又如何是發展我**現在的**實相所必須的先決條件。例如，若我沒看過馬斯洛的書，我後來很可能沒有讀賽斯書的心理準備。如果凱西沒令我在一年前對賽斯書曝了光，當我在一年後碰上它時，我的反應可能有所不同。如果我沒有寫「練習簿」的經驗，也許我不會想到給賽斯書也寫一本。

我們繼續在一些行動中作選擇，這些抉擇隨之又把我們導向某個方向。我們的「內我」永遠在試著指導我們朝向我們潛能的最佳發展，但因爲我們已學會去懷疑或不信賴我們的衝動，因爲我們不再相信**自己**，我們常常結果變得不滿足、困惑或陷入一個全面的「身份認同的危機」中，像我以前那樣。藉由對我們的生命負起有意識的管理之責，我們能重獲本爲每個人天賦權利的信賴和信心。今天我是個快樂的人；喜歡我所選擇的方向；高興我是有意識地那樣做了；高興我在賽斯內找到一個可以幫助我的人。這本書的孕育乃出自我對賽斯教誨的正面看法。我願與別人分享我的過程，就在於我希望他們也能從中獲益。

就某些方面而言，這本書是我讓自己試做的課程的一個精華版本。我相信如果你徹底而忠實地做那些練習，你在幾個月內就能得到我在三年的時間裡碰運氣得到的東西。我曾以某種方式做過所有的練習，而對我而言，它們中有些比另一些的效果要好。我對做比較「理性的」練習，如信念功課之類，覺得比較自在，因爲它們與我對一個人如何學到東西的期望比較一致。即使如此，我想我可能從擴展了我的想像力和觀想力量的更「直覺性的」練習裡獲益更多。在大多數的練習裡，我試著綜合了理性和直覺性的學習方法。

在開始做這些個練習前，先找一本厚而結實的筆記簿來當作一本日誌，因爲這將是對你的進展的一個重要記錄。在這些練習裡，我已盡我所能的把賽斯許多見解廣濶的概念儘量精確而簡潔地總括起來。爲了做這些練習，你並無必要買任何賽斯書，但，對那些比較喜歡直接由賽斯那兒得到那些概念的人，我把我資料的來源包括了進來。

這本書在一種團體的情況裡最爲有用。有許多練習可以在一個工作室的背景下由大家一起來做；別的可以由個人來做，然後與團體分享。一個團體之所以有價值，不只在於有不同的觀點，而且它還提供了動機。當你知道那團體預期你已做了某個特定的作業，你就有了不去拖延的額外誘因。

如果你能對做這些練習採取一種遊戲性態度，而非把它們視爲必須想辦法跟上的一種日常勞務，那麼你就會更快的進步，而在過程中更好玩。但不論你的態度如何，**去做那些練習**却是絕對必要的。光閱讀它們是不夠的！要想變成一個有意識的實相創造者需要練習。這本練習簿會給你開個頭——然後就全仗著你去維持下去，把那些觀念和行爲整合到你每日的存在裡。

好好玩吧！

南西·艾希里

目錄

1 創世：賽斯論我們來自何處

……有「非存在」。那並不是一個空無一物的情境，卻是一個情境，在其中已經知道並且預期到許多的「可能性」，但那些可能性卻受到阻礙而未能表現出來。

朦朧地，回溯過你們幾乎不復記憶的所謂的歷史之前，曾有過這樣的一個情境，那是個極痛苦的情境，當其時，創造與存在的力量已知，但產生它們的方法卻未知。

這是「一切萬有」(All That Is) 必須學的教訓，沒有人能教給祂。最初的創造力汲自這極大的痛苦，而仍舊可以看到這痛苦的反映。〔《靈界的訊息》，三〇八頁〕

它始自一個「意識」想要表達「祂自己」的渴望。「一切萬有」——一個以愛爲動力的有覺性的能量完形(gestalt)——是在一種潛伏的狀態。祂覺知祂所有的潛能，卻不知如何去表現它們。祂的想像力無際無涯；在祂的思想裡有一個宇宙又一個宇宙的纍纍豐富。在祂內，實存(entities)呈現出越來越生動的形式，而大聲呼叫著想要具體表現出來，想要「存在」。但是「一切萬有」不知道如何使它們實現，因爲每一個實存都是祂心中的一「念」，而每一念都是一粒能量。祂如何能表達這些「念」而不放棄形成它們的那部份能量呢？

這就是「一切萬有」的兩難之局——似乎是個無法解決的難局，因爲它意指把他們與祂自己分開。但這又如何可能呢？「一切萬有」是個統一體。當祂的痛楚越來越變本加厲，當在祂內所有那些渴望「尋求重要性」的能量想法處理這創造性的難局之時，一個想法在祂心裡形成了。這個長生不老的實存想到一個全新的觀念：「在統一之內的分離(Separateness-Within-Unity)」。最初這觀念只被隱隱地感覺到，但當它的重要性增長時，它背後的情感也隨之增長。

啊哈！「一切萬有」懷著怎樣的渴望想像著由這個新主意湧出的可能性啊！眞的！這將可容許祂所擬想的祂的每個部份變成一個獨立的「存在」(being)，卻又不失爲祂的一部份。每一個都擁有它自己的立足點和視角，都與另一個不同，而由它自己的中心看生命。光是想到祂由這些存在能學到多少東西，就夠令人興奮的了！他們可以告訴祂由他們的觀點來看生命是什麼樣子，可以透過他們的眼睛給祂看多重世界的傑作，當他們一邊學習「一切萬有」的幅度之深之廣時，一邊也增益了祂的幅度。「在統一之內的分離」，多妙的主意啊！

「一切萬有」覺得祂整個的存在都在低吟著這個渴望：去成就那個「重要性」的可能性，去使那「潛伏性」明確化，去令它實現。「一切萬有」創造的那些「存在」努力想解放出來的熱望使「一切萬有」的低吟變成了高亢多彩的無法忍受的強烈渴望。於是「一切萬有」以一個龐然的信賴與棄守的姿態鬆手放行。祂放棄了祂心中固有的限制性概念，而當如此做時，把那概念所關閉起來的能量發揮了出來。

在其結果所造成的創造性的大爆炸裡，播散了「心靈宇宙」(psychic universe)的種子，每一粒種子都是一個不可分割的有覺性的能量，有它自己獨特的看法，並且也充滿了那給予它生命的同樣充溢的想去了解想去愛的渴望。它對它誕生前的那宇宙性難局的苦痛猶有記憶，而透過那記憶它被推入存在的持續不斷的活動裡。每個種子仍覺察到那曾給它自由的「源頭」，並知覺自己仍爲其一部份。

這些苗木般的意識想要創造的情感性願望促使它們以無數種方式遊戲性地組合。一且它們發現一種具有重要性的組織，它們就依附其上，並且也吸引同好來加入。如此便創造出整個實相系統，這些系統由深沉而歷久不渝的情感中長出，含著豐富的愛和創造的渴望，恆常在運動中。

我們的物質宇宙就是這樣被具體顯現出來的。很像「一切萬有」在祂的渴望中放棄了祂的一部份，讓它們可以去追求獨立的存在，同樣的這些部份中的某一些，在「它們」對物質經驗的強烈渴求下，把它們自己「印」到物質裡。它們在同一剎那在各處放出光，如此便爲我們所知的生命創造出一種媒介，爲所有可能的生命形式創造出藍圖及工具。

那麼，我們生命的素質是生自強烈的情感上的渴望。它由意識自然地升起，把「知覺」帶入物質的層面到能量的深沉「感覺基調」(feeling-tone)上，就像無窮無盡的各種音樂的和絃。我們每個人都有自形成我們的原子和分子升起的獨特「感覺基調」，而在物質存在上打上我們身份的「印記」。這些「感覺基調」滲透了我們的存在，決定了生命所賦予我們的情感類型。它們是在人我之間的連結物，因爲它們代表了生命力，代表了所有存在由之造出的原料。當我們對發生在我們身上的事反應時，我們的情緒允有波動升降，但在這些短暫無常的情緒之下有長而深的節奏韻律，作爲我們生命中事件的基礎，並提供我們方向與目的，決定我們知覺的特質及什麼對我們是重要的。「感覺基調」是我們靈魂的聲音，代表了我們存在的精髓和本質，我們由那本質而形成我們的物質經驗，它是我們自身在純能量上的表現，代表我們在肉身裡的永不能被複製的「身份」(identity)。而在同時呢，它們又是我們在三度空間的存在裡與所有其他生靈的共鳴性連繫。

我們創造我們自己的實相。這第一個練習是個基礎性的練習，因爲它使你能與你自己獨特的能量——在你內彰顯的「一切萬有」的那個部份——有所接觸。在感知到那個能量——在你內的那個深沉的音樂和絃——的時候，你開始覺悟到你的確有力量使自己的「自性」(Self)對宇宙發生影響，並且了悟那個「自性」是的確與任何別個不一樣的。

安靜地坐著，閉上你的眼睛。感覺在你內的深沉韻律。試著對「它會是什麼感覺」這個問題不要存有先見，而只就向內看，等著那些「感覺基調」對你變得明顯起來。你知道這些「感覺基調」存在著，並且你也明白我們是生自這些深沉的音調，生自「一切萬有」想透過肉身而認識「祂自己」的強烈渴望。你是這種感受及「存在」於肉身裡的欲望的一個獨特表現。你是知覺、傾向與意向的一個獨特組合，在這個三度空間的世界裡表現你的「自性」。把你自己向「你是什麼」開放，感受在你內的那些深沉的音調。開始去覺察你自己的韻律，你存在的偉大能量，而讓你自己體驗它。

別問你自己：「我真的在體驗這個嗎？」不要預測你自己。什麼來了就接受什麼，並且「知道」那是來自你自己最深部份的一個訊習。感覺它，玩味它。盡可能地停留在這感受裡。

做這練習不要計時。不要以爲你必須花，好比說，十五分鐘或半個小時，或定下任何一段時限去做。那可能會使它好像是個責任，某件不管你想不想做都必須去做的事。最重要的是，這個練習應當是個你喜歡做的練習。

也許你必須試好次，才會認知你已接觸到你的「感覺基調」了。有些人可能有一種即刻的「啊哈」經驗，而覺悟到他「一直」是觸及到這些音調的，却沒有「有意識地」注意到它們。無論如何，你們所有的人遲早會認知它們的，因爲它們根本沒有被藏起來，却是你日常經驗的一個親密的部份。它們是你與「一切萬有」的連繫。

我建議一開始你多加練習——或許一日兩回——直到它變成你的第二天性。然後再不時有意識地檢查一下你的「感覺基調」，並且當你不開心或沮喪時，運用一下這個練習所給你的「有力感」。當你對你的「感覺基調」明白地覺察時，你會感覺到心中有主而安全。

爲了加強所有這些覺受，你有時可以對自己慢慢吟詠「唵」(O-O-O-O-O-O-M-M-M-M-M-M) 這個聲音，出聲或默誦皆可。這個聲音是你深層的非物質韻律的實質翻譯，它可以加強你的身體，給你能量。當我在開車時，我常用這個誦，結果發現我眞的享受起夾在車流中的情況了。

當你做這個練習許多次而熟習了這些「感覺基調」所給你的「有力感」之後，就去感受這些基調由你的身體向外散播——因爲它們正就在如此做。隨著你的每一次呼吸，每一次能量的悸動，你放出你自己的這個精髓，它與其他的精髓混在一起，一而再地創造出你們的物質環境。感覺你自己集中在內心，而放出你重重的能量波。看見它由你的身體向外輻射到四周的環境裡，在那兒它變成了你自己的一個延伸。覺悟到你知覺爲「在外邊」的物質其實是你的念頭的具體化，由「你的」能量形成你的「內我」、你的精髓、你的靈魂的象徵。感覺那能量放射進入地心，也升入天空，透過了雲層而進入宇宙最遠的地方，因爲它的確是這樣的。這些來自你意識的放散物質眞的以這種方式向外延伸，它們的影響無遠弗屆。

這就是你的創造力、你的「自性」的本質。

2 一種「變爲」的狀態

當你說：「我要找到我自己」的時候，通常你理所當然地認爲有一個已完成的你自己的版本，而你把他誤導到什麼地方去了。當你想要找到上帝的時候，你也常是以同樣的想法在想。其實任何時候你都「不離自己左右」。你一直在變爲(becoming)你自己……上帝與你的心靈，兩者都經常不斷地在擴展中——無法形容而永遠在變爲。〔《心靈的本質》，一〇八頁〕

存在的要素即行動。按照賽斯的說法，我們的——以及所有其他的——宇宙是由有意識的能量所組成，永遠在「恆動」中。能量的每一小點的每個動作影響到所有其他的能量，而改變了整體的模式。

能量的每一個小點經由它的動作而得以與其他的點區分，並且獲得了作爲一個分開的獨立動力的身份。在「創世」之前，我們爲其一部份的那個能量的集合體是尚未分化的、潛伏的，充滿了可能性，卻是在一種非存在（non being）、非活動的狀態。「意識」已有了，但沒有知道的方法。這個能量爲了要認識它是什麼，必須要掙出到「它自己外面」，但一旦它如此做了，它便已由它本來是的東西變成另外的東西了。於是，爲了要認知那個另外的東西是什麼，它又必須再掙出到它自己之外去。

「感知某物」這個行動總是會把被感知的東西變成了別的東西。量子物理學家已經發現在微量物質上是這個情形；在非物質的心靈能量上，情形也是一樣。

那麼，這就是「存在」——一個變爲你是什麼的過程，而在這變爲的行動裡，改變了你本來的樣子。萬一「存在」有「完成了」的一天，它就不再「存在」，因爲就正是這個過程，這個動作，給了它「生命」。這個過程也就是當「一切萬有」把祂能量的一部份釋放出來，由它已完成的、理想的狀態去變成不論它想變成的什麼狀態時，祂所發動的一個過程。

行動即存在的精髓，而「不可預測性」即其定則。你無法確定地預測任何行動的結果，因爲那行動改變了它作用於其上的那個東西。在你的「變爲」的行動裡，你改變了你之爲何物。而事實上，推動一個行動的動機就是它的這個不可預測性。如果你確知，某個計劃好的行動必然會發生某種後果，你就不會對其結果有多少好奇了。就是因爲你不知道它到底會怎麼樣，你才有動機去採取那些發現其結果的行動，而這個——你的好奇心，你想知道的強烈願望——就是維持你的活力，促使你繼續「變爲」的力量。

那麼，就「存在」的充滿活力的、永在變爲的本質而言，要說「找到」你自己——彷佛有一個已完成的你的成品存在於某處——是沒什麼道理的。的確是有一個「理想的心理模式」（稍後再解釋），但那個模式永遠不會被實現，因爲實現它的過程自動會改變它。因此去想「當我長大我會是什麼樣子」，不如去思考你變爲的性質還更有用些。集中焦點在成品上不如集中焦點在過程上。這樣的話，如果你對自己目前的存在狀況不甚滿意，你將知道你要怎麼辦：改變這過程，改變你的行動，再看那個做法對你的存在狀況——你的「變爲的狀態」——有何影響。這本手册的主要目的之一，就是要使你對你創造出自己實相的思想和行爲更有意識地覺察到，因爲只有透過這種覺察你才有希望改變那些你不滿意的地方。

做這個練習你需要用到你的筆記薄。首先開列一張單子，記下這些年來你已「變爲」的東西。回想你人生中的一些階段，當你經過一些顯著的改變，由一種存在狀態變到另一種時。一個明顯的例子可以是由依賴父母變爲依靠自己。另一個例子可以是由一種情緒狀態變爲另一種，比如說渡過了沮喪而進入一種不同的存在狀態。想起好幾次在你一生裡你所曾經歷的這種改變，不論是變好或變壞。

現在試著去推演一下是什麼造成了那個改變。首先，看看你能否準確地指出你在改變之前對你的狀況的想法，以及在改變之後的想法。無疑的它們已隨你存在狀態的改變而改變了。現在，你到底做了什麼而引起你存在狀態及你思想的改變？也許大部份是潛意識的，但且試著把在那段過渡期裡，你所採取的一些行動，以及你所有的一些情緒帶入你有意識的覺察裡。你曾對那改變加以抗拒？或試著使它加速？你改變了睡眠或飲食習慣嗎？你交了新朋友而丟掉了舊朋友？你改變了住所、髮型或衣著嗎？針對每一個改變時期，試看你能否想出你——那個改變的創造者——是如何帶來那個改變的。

現在且找一找「模式」。你是否發現你有用相同的方法（好比說改變你的飲食習慣）帶來每個改變的傾向？你能否找出你一再重複的某種策略？你是否在改變成你認爲比較好的一種存在狀態時用了某種策略，而在改變成比較差的存在狀態時用了另一些策略？你是否覺得，好像那些變好的改變是你自己帶來的，同時那些變壞的改變是出於「在你控制之外的力量」？如果眞是如此，那麼你就要了解那是你的「信念」，因而也成爲你的現實，而非其反面。

且看看你目前的存在狀態，看你能不能把它看成是在過程中。把你自己看作剛剛來自一個狀態，而正在到另一個狀態的途中。你正在由甲到乙的半路上。由這個觀點，來看把你帶到這條路上的這一點的那些思想和行動。現在用這同樣的模式，看看你能否預測出你將來的思想和行動。可能有什麼結果？當你到達乙點時，你會在什麼存在狀態？

在你的筆記裡儘量詳細的形容一下你目前在其中的「過程」。你對過程是否有任何不滿意的地方，它好像沒把你導向你所要的結果？如果眞是如此，你能做什麼「過程的改變」，而給你正在變爲的「產品」一個正面的影響？如果你發現你應有所改變，就答應你自己你在途中會採取一些小步驟以帶來那些改變。

現在，這練習的最後一步，是在你心中看到你自己在這一生的末端。看到基於你目前的行動模式，在那時你將已經歷過的所有的變爲，而同時了悟到，去思考你將會變成什麼，這個行動的本身就會自動地改變那個產品！

3 架構一與架構二

> 就像在看一個電視節目之前，你並不知道在電視攝影棚裡所發生的事……因而同樣的，在經驗到一件實質事件之前，你也不知道在「實相的創造性架構」裡所發生的事。我們將稱呼那個廣大的「無意識的」精神性與宇宙性的攝影棚為「架構二」……情形就好像是這樣：「架構二」包含了一個無限量的資訊服務，它立刻使你得以接觸到你要求的知識，它在你與別人之間建立了電路網，它以令人目眩的速度計算「可能性」。然而，它卻不是以一個電腦的不具人格的態度去做那些服務，卻是心懷一種為你們的最好目的——你的以及每個其他人的——的充滿愛心的意向去做。〔《個人與群體事件的本質》，〇七八、〇八一頁〕

為了要解釋創造我們的實相所涉及的動力，賽斯用「架構一」及「架構二」來代表我們在其中得享「經驗」的已展現與展現的實相。基本上，「架構一」即物質世界，由自我（ego）——我們與之認同的我們那個有意識的版本——管理。「架構二」是在幕後的實相，我們由其中汲取在創造實相時所涉及的那些資料，而後我們才在物質世界中經驗我們造出來的實相。主管這廣大的「資訊服務」的是內我（inner self）——也被稱爲內在的自我、心靈、無意識、靈性的自己及靈魂。這個實存（entity）選擇並且詮釋進入它的資料——以「有覺性之能量」的方式表現的資料——然後把它送去給自我，自我再決定要不要對這資料採取行動。

然而，賽斯強調這種架構的區分是個武斷的分隔，只爲了討論上的方便而設的。實際上，這兩個架構是彼此互補而不可分的。正如我們的自我依賴著內我而得以展現，而內我也是不斷地尋求展現。兩者都覺察這種相互的依靠，而它們在直覺裡、衝動裡、夢裡及意識的改變狀態裡相遇。

就像所有自然界生物，我們生而俱有一種朝向成長及發展我們才能的推動力——變爲我們本來就是的東西的推動力。和所有自然界的生物一樣，我們是以這樣一種方式相互依賴，以至於一個人的完成導向整個族類的完成，那麼，對我們每一個人而言，有個賽斯所謂的「理想的心理模式」。「架構二」——或，不如說，在這架構中運作的內我——正恆常不斷地努力使我們向那個方向前進。這個模式是有彈性的，對我們日常生活的在變化的環境反應，但它永遠使我們向可能的最好方向前進，不但爲了我們自己的好處，也爲了所有我們與之接觸的人的好處。

因此，我們由其中汲取我們經驗的「架構二」，並非一個「中立的」媒介，卻是一個善意的媒介，溫和地把我們推向建設性的抉擇。要與這個向善的力量抗拮，你必須有個對邪惡的強烈信念。在將來的一些練習裡，我們會看看我們爲什麼會不信任我們的直覺與衝動、害怕我們的夢、並且對我們唾手可得的無限創造泉源缺乏信心的一些理由。你將會明白，「內我」因無法直接體驗物質實相，必須依賴自我去按照它對實相的信念而對實相加以詮釋。而接著，由於它強烈的渴望看見那些信念得以展現，便把它的能量轉換成物質的形式。我們也將探索發現我們所抱持的那些創造出我們實相的信念之方法。

但是在這個練習裡，我們將針對「信心」而言。因爲已爲我們「習焉而不察」的信心——我們**能夠**運作；「架構二」會供給我們在「架構一」裡得到經驗所需的知識及能量——是我們在「架構一」裡大部份行爲的基礎。例如，我們信任早晨太陽會升起；而它的確如此。我們假定我們的胃腸會消化我們的食物；而它們的確如此。當我們駕駛一輛汽車時，我們認定如果我們轉方向盤，車子便會駛向那個方向等等——我們所採取的最微細渺小的行動都是被我們相信我們的意向將被達成的信心所決定的。

在我們採取某種行動之前，百分之九十的時候我們不覺得有必要去衡量正反兩面，因爲我們「知道」它會帶來我們要的結果。而正因爲我們的確「知道」此點，正因爲我們有信心那個想要的結果會發生，它就發生了。

常言道：「對你已知的事你不需要信心。」這句話暗示知識是「理性的」而信心是「非理性的」(而知識多少要比信心「高超」)。但照賽斯的說法，我們的信心却是我們知識的來源。既然我們無法經由正常的感知方式直接知道「架構二」的內容，那我們只能靠信心前進。而只要我們對某事有信心，它就會顯示出來。透過這些顯現，我們獲得知識。

因此以賽斯的看法，信心跑第一。知識乃信心之結果，而非一種更高超、「理性」的意識狀態。那麼，此時正是我們該開始對「信心」有信心而非不信任它的時候了！如賽斯說的：

> 對一個創造性的、令人滿足的、爲人渴望的目標之信心——不移之信心——眞的由「架構二」裡汲取所有必要的成份、所有的元素(不論其數字多麼龐大驚人)及所有的細節，而後把那些衝動、夢想、偶遇、動機或不論什麼必要的東西塞入

「架構一」裡，以使那所想要的目標恰恰以一完成了的模式顯現。〔《珍的上帝》，〇一三頁〕

爲這個練習，你將爲自己創造一個「信條」，肯定你對「架構二」的作用的信心。以下是珍的先生羅勃・柏茲爲他自己所寫的一篇，也許可供你參考：

我有那簡單、深厚的信心，相信任何我在此生所渴望之事皆能由「架構二」降到我身。在「架構二」裡沒有障礙。「架構二」能創造性地產生我在「架構一」裡想要的每件事——我絕對的健康、繪畫與寫作、我與珍極好的關係、珍自己自發而煥發的健康與創造性、她所有書的越銷越暢。我知道所有這些積極的目標會在「架構二」裡精細計劃出來。不論它們看起來有多複雜，而後它們能在「架構一」裡顯現出來。我有那簡單、深厚的信心，我在此生所渴望的每件事都能由「架構二」奇蹟式的作用降到我身。我不必擔心任何一種細節，知道「架構二」擁有那無限的創造能力去處理及產生我可能要求它的每件事。我所需要的一切就是對「架構二」之具創造性的「善」有簡單而深厚的信心。〔《個人與群體事件的本

質》，〇八三頁〕

為你自己製作一張海報，你的「信條」以大黑字體寫在上面，把它釘在你的床邊或浴室門上。每次你看到它時必定念上一遍，然後就忘掉它，而懷著你的信心會被回報的信心。

4 此時此地

一隻動物——不一定要是森林裡的一隻野生動物，而是一隻普通的狗或貓——以某種形式反應。牠對環境中的每樣東西都有所警覺。不過，一隻貓不會由四條街外被關起來的一隻狗那兒預期任何的危險，也不會去臆測如果那隻狗逃掉而找到貓安適的院子會發生什麼事。

可是，許多人不去注意他們環境裡的每樣東西，卻透過他們的信念只專注於「四條街外的惡犬」。也就是說，他們不對在時間或空間裡具體存在或可見的東西反應，卻反而將念頭盤據在那些也許存在也許不存在的威脅上，而同時卻忽視了那些就在身邊的其他中肯的資料。〔《個人與群體事件的本質》，〇四二頁〕

物質世界充滿了訊息。每件我們「在外面」看到的東西——風吹過樹林、蜜蜂在花間嗡嗡地飛、一隻狗的咆哮——都在那兒告訴我們一些什麼。我們繼續不斷地與我們的環境相互作用，接收到訊息也送出訊息。藉著細胞的通訊我們的身體自動地這樣做，而由此確保我們安全而有效地運作。只要我們警覺而對我們的物理環境調準了頻率，我們的心與身便能運作無誤。

可是，問題就在，還有一個由「心」創造出來的內在觀念世界，我們必須與之打交道。身體透過肉體感官能處理由生物環境來的資訊，但若要詮釋來自文化環境的資料，它卻要靠「自我」。舉例來說，身體留給「自我」去決定，一個特定的社會狀況是否天生包藏著一個威脅——而隨之照章行事。因此，如果你的隔壁鄰居皺著眉叫你到籬笆邊，你的身體會按照你的「心」對那不豫之色的詮釋而反應。如果你的心說那種表情象徵一個威脅，身體便會隨之做準備；如果你的心說沒涉及什麼威脅，身體便會如常的運作。

那麼，只要是我們的心對威脅的評估與一個生物上的評估相符，我們和我們的身體便有一個很好的互動關係，在其中身體對具威脅性的情況迅速而適當地反應。但若我們持續性地在沒有生物性危險——好比「四條街外的惡犬」——的情況裡知覺到危險的話，身體就沒有任何明確的東西可反應，但它卻非反應不可，因此很快就會變得過勞而迷惑了。經過一段時間，這可能導致疾病或某些其他的虛弱，而我們自然的豐沛活力很可能失落在這混亂中。

當然，人類爲何會變得與大自然離得這麼遠，我們爲何會剝削且試圖控制自然，而非與它和諧相處，是有其理由的。其理在我們對「分離」與「敵對」的信念——也許是人類意識在這物質層面所採取的方向之不可避免的結果。但如賽斯一再地說的，我們無法不珍視我們的生物性而能珍視我們的靈性，因爲兩者有許多共同性。我們的身體及所有大自然都是靈魂的物質性顯現。大自然是我們的「內我」透過象徵對我們說話。另一方面，我們實相的人造面——包括其社會與政治結構——則是我們「自我」的信念之顯現。那麼，它們是「二手的」、較不實質的、短命的顯現；而同時大自然則是最高的、主要的顯現。

這意謂著當我們在與自然作親密交流時，比當我們在試著憑知性理解個人實相的本質到底是什麼時，要離我們的本性近得多！

當然，所有這些都被以無數方式說過無數次了。每個人都知道我們是緊張過度。每個人都同意我們操心過度。每個人都承認，如果我們能就只活在「此時此地」，我們的身體會好得多。每個人都感覺到大自然是身體想去的地方。每個人都知道這些事，而也許有那麼一天我們會對之採取一些行動。但現在我們都太忙了……

但別遷延下去了。如賽斯所說：

你感官的自然「生物合理性」必須保持清晰，而只有那樣，你才能充分利用必須透過你自己與時空之交會而來的那些直覺與遠景……處處環繞著你的大自然之永遠實在的完整性。它代表你的直接體驗。它提供了安適、創造力與靈感，那是只有當你容許「二手的」經驗取代了你日常分分秒秒與物質的地球之接觸時，才會將它阻斷掉的。〔《心靈的本質》，二一三～二一四頁〕

每天做這個練習五到十分鐘。在戶外找一處安靜的有樹的地方。安靜地坐著，看看四周，再問自己：**現在我意識到些什麼？**看清每樣東西：色彩、形狀、質感、風吹在你臉上的感受。生動地體驗那景緻。

然後閉上眼睛。對先前你也許沒注意到的許多聲音變得覺察起來。認出它們，在心裡把那些聲音與發出聲音的東西連結起來。感覺你的身體像是自然環境的一部份。開始覺察它的溫度——你的手是否覺得暖或冷，或你的脚冷而你的肚子熱。開始覺察你體內的其他感覺。嘴裡有沒有一種味道？你聞到什麼氣味？透過嗅覺感受你與自然的聯繫——嗅味同時在你體內與體外，是你的**也**是自然的一部份。

現在睜開眼睛，把內在與外在合起來。透過感官感受你與自然的聯繫。開始覺察所有自然現象的互相連接性。感覺你自己爲自然過程之一部份。感受這種相互作用。感覺你所有的知覺合了起來而形成一個統一的整體。感覺你的聽覺與你的視覺、你的味覺與你的嗅覺、你的觸覺，感覺它們像是一個統一的燦爛知覺。把那知覺保持在你心裡，然後再閉上眼。讓這種統一感消褪，而聲音變成主宰。密切地跟隨某一個特定的聲音，集中在它上面，在你心中追隨它。然後張開眼睛而立刻再度的把你的感官合成一個統一的整體，你所有的知覺加起來成爲一個單一而極度集中的輝煌感知點。

讓這感官世界強化，然後閉上眼而再度的放鬆焦點。

當你這樣做了幾次，而覺察到在每次只感知一件東西與感知一個統一整體之間的對比時，你會對這個統一發展出一種感覺。你會認出，當你的意識是完全在此時此地、完全集中在物質實相時，你感覺如何。

在你日常的例行事務中，不時試試去獲得這精細的焦點，把所有的感官資料整合起來以提供對物質實相可能的最明晰的感知。經過一段時間，你將發現這種練習會豐富你的日常經驗，容許你完全地貫注於眞正在手頭上的事。你的心和你的身會聯合起來處理它。

5 信念功課：之一

你的經驗像一塊布，而這塊布是你透過了你自己的信念與期盼織出來的。你心目中對自己以及對實相的本質所抱的觀念，在在都影響到你的思想與你的情緒。你把你自己對實相所抱的信念當作是一項眞理，幾乎連問都不問，因爲每樣事情看起來都這麼的順理成章。對你而言，這些事情其本身就是一種事實的「聲明」，明顯得連審視一下都是多餘的。

因此，你就對這些事實予以全盤的接受了，極少想到去懷疑一下。你把所有的這些當成是實相本應有的特性來接受，根本就不認識這其實只不過是你自己對實相所抱的信念而已……它們變成了一種「無形的假設」，但它們依然渲染了你的經驗。〔《個人實相的本質》，〇五五頁〕

一個信念是一個念頭——附帶著「期望」。

這樣想很好玩
好像下一刻會發生什麼
隨時在改變

我們不停地在思考。我們的每一念在「架構二」裡都有一個眞實性。每一個都是一個活生生的「實存」，「有覺性的能量」的一個單位，由那有覺性的能量之完形──「內我」──中生起，資訊和知識在那個架構裡發生不斷的相互作用。

但並非所有的念頭都在「架構一」裡變得具體化了，只有在其後有足夠情感強度的那些才具體化──思想與想要具體化的期望或渴望合在一起。有時候，那期望或渴望是建立在自我對實相的評估上──它預期或想要看到具體顯現的東西──而有時，則純粹是建立在內我知道什麼對其成長有好處上面。每當一個充滿了情感的念頭變得爲你所覺察時，內我自動地由這內在經驗形成一個物質上的「對等物」，以使自我能在物質實相裡體驗那個念頭。這經常在發生，而你的內我（及其他的內我）時時刻刻都在創造又重創物質世界。

這些物質的「對等物」是以電磁單位（賽斯稱之爲EE單位）的方式由內我的能量形成的，EE單位是當這有覺性的能量（或意識）在一個情感的高峯時所「散發」出來的原子之下的粒子，它們組成了我們物質世界的每樣東西──空氣、我們的身體、岩石、建築物。透過內我的欲望和意向，這些單位向外散發以形成原子和分子、細胞及器官，而終至那整個的僞裝系統──我們的物質實相。我們看見「在外面」的那些東西，是我們的內在主觀經驗凝固了的形式——凝固了的意念！我們的身體以及在我們世界裡的每樣東西都是由內我的集體努力所組織、建造並維護，以便看見它們自己在三度空間的實相裡「客觀化」。意識的力量和本質就是如此！

那麼，這就是實相被創造出來的方式——經由預期性的想法。那就是賽斯的意思，當他一再重複聲明說我們透過我們的信念創造我們的實相，而如果我們想改變我們的實相，我們首先必須發現我們對它所抱的信念。他強調這些信念是「有意識的」這個事實——而非隱藏在我們心中某個不可觸及的部份裡。但它們「可能」對我們而言是「看不見的」，因爲我們把它們當作是關於實相的「事實」而非對它的信念。

舉例來說，我們全都有的對實相的一個信念是夜晚隨白天而至。而就因爲我們全都相信這是如此，它就是如此。我們的信念創造我們的實相——那就是指藉由默想我們的實相，我們能發現我們的信念。

賽斯稱剛才提到的那種信念爲「基本假設」——我們所有人都同意把我們的存在建立於其上的那些概念。所有的實相系統（其數無窮）都有一套基本假設，那是任何想在那系統內運作的人所必須遵循的。例如，在我們的實相裡，我們對空間時間的想法即爲基本假設。但在其他實相裡，它們卻不一定適用。

當然，我們無法改變我們的基本假設而期望在這實相裡運作——除非我們能有法子使在這實相裡的每個有意識的實存都同時改變到某些其他經過協議的假設上。但我們每個人都持有好像是對實相的基本假設的許多其他信念。其中之一也許是：「我很胖。」你對自己說：「我很胖這個事實是有關實相的一個事實。」可是，事實卻是，你相信你很胖，所以你很胖。但你的胖並非關於這實相的一個基本假設，也不是在這實相裡的每一個人所同意的對生存條件的一個信念。不管你是否肥胖，這個實相將繼續存在，因此「我很胖」是個你能夠改變的信念。但首先你必須徹底了解「我很胖」眞的是個信念而非一個事實，相信那點之後，你就能改變那信念，因而改變你的實相。

珍・羅伯茲有好幾年舉辦每週一次的ESP班，其經過由珍的一位朋友也是ESP班學生之一的蘇・華京斯記錄在《與賽斯對話》裡。賽斯在這些課中常自發地「現身」，評論學生說的話，給予忠告，並給他們一些功課作爲家庭作業。他所給的功課中有一套就是「信念論文」，在其中他叫學生寫下他們在某些領域的信念，然後在下一次上課時唸出來並加以討論。這本手冊將有一套相似的練習，叫你們檢查你們在種種不同區域裡的信念。

這第一個練習是集中焦點在你對婚姻、宗教及政府的角色的基本假設。以這些信念來開始是很好的，因爲這些假設比在那些較不制度化的區域裡的假設較爲顯而易見。在檢查你的信念時，以「事實」來開頭——例如，關於婚姻：**在美國有超過百分之五十的婚姻以離婚結束**。這是一個「事實」，或不如說，是被很多人認同的一個信念——但卻非一個基本假設。且檢查一下這個「事實」對你自己個人的信念系統的影響。你相信你自己的婚姻只有50%的成功機率嗎？或如今婚姻是很難維持的了？那麼，就用「事實」去研究你的某些私人信念。

第二個發現你信念的方法是檢查你對這題目的**情緒感受**。例如，當你想到政府時，你可能覺得憤怒。在這怒氣之後的信念（或成套的信念）是什麼？我們的情緒是由我們的信念所引起，而非其反面——那麼就看看引起這情緒的信念。

最後，檢查你的信念對你的實相之影響。這些信念導致了那些行動及經驗？你喜歡這些結果嗎？如否，你想用那些信念去取代它們？在這上面努力。

在你的日誌裡寫下你在這些區域的信念。如果可能的話，試著去和別人分享它們，因爲你可能會發現別的人也許根本不同意你以爲被衆人共持爲「事實」的想法。我們看不見許多我們所持有的信念，因爲我們將之視爲當然（「衆所週知」）。所以把衆所週知的信念也包括進去，把它們在別人身上試試，看看是否每個人眞的都知道。

6 威力之點就在當下！

當你抱怨一個不友善的環境，或一種情況或狀況，基本上……你沒有在獨立地行動，而幾乎是在盲目地反應……要想以一種獨立的態度行動，你必須開始發動你想要它實際上發生的行動，藉由先在你自己的存在中把它創造出來。

這是藉由把信念、情感與想像力組合起來，而形成你想要的實際結果的一個「心像」而做到的。當然，這想要的結果還不是具體有形的，否則你就不需要去創造它，因此你若說你的實際經驗好像與你試圖去做的相反的話，是沒有用的。

〔《個人實相的本質》〕

威力之點就在當下！爲了實用的目的，這是賽斯資料裡最有價值的觀念之一。它是指我們永遠控制着我們自己的命運，因爲就在當下——而非在什麼晦暗的過去或不可預見的未來——我們的信念創造我們的實相。我們由我們目前的焦點形成我們的人生，在那一點上我們的信念一方面與物質世界、一方面與未具體顯現的世界（我們的能量、力量和靈感之源）相交。

過去與未來並非力量所寄之處。我們在此時此地所做的不斷地影響我們的過去與我們的未來。時間在「架構二」裡並不存在，因而過去與未來在同時發生。如果我們現在改變一個信念，過去便**自動地**改變以與這新信念調和。而按照這信念未來的可能性也被改變了。

過去並不決定我們的現在；現在才決定我們的現在——以及我們的過去和我們的未來。這一點再怎麼強調都不為過。不論我們在過去的經驗是什麼，不論我們在一**分鐘前**的實相是像什麼樣子，**現在**才是現在形成它的東西。我們在每個剎那創造我們自己，而在**現在**永遠對我們的實相像什麼樣子有所選擇。

如果看起來好像我們是在我們無法控制的過去事件的擺布之下的話，那麼那是我們的信念——而那就是我們的實相。但我們並不受我們的過去所擺布，而只是受那些我們或是沒認出或是執著不放的信念——即使明知它們對我們實相的不利影響——所擺布。形成我們實相的是我們的信念，而就是**我們自己**選擇了我們的信念。我們所相信的不論什麼都很忠實地「在外面」具體化來給我們這些創造者看，來供我們沉思。

當然，因爲物質實相的本質，在一個信念被嵌入及其具體化之間，也許會有那麼一段時間。例如，如果你由「我很胖」的信念變到「我很瘦」的信念，你的身體會花一陣子才能把這信念反應回給你。但就在你由當下的威力之點嵌入那個新信念的瞬間，你的身體就會開始那些使你與那信念和諧一致所必須的改變。而過去也會改變，創造出一個與新信念一致的新的過去的自己。

所有你需要做的只是去相信某樣東西，而它就會變成你的實相之一部份。這就是我們在此生要學習的主要教訓：我們的確當下就透過我們的信念創造自己的實相。

在這本手冊內的九個信念練習裡，你將會非常密切地檢視你所抱的信念——因爲它們常常逃過了你的注意，乃因你們把它們當作是「存在」的當然事實，或者它們以一種你以前沒想到過的方式限制了你。通常你看見「在外面」具體顯現的東西是一團信念的結果，那是必須先被洩露出來你才能加以改變的。去發現你的信念到底是什麼的功夫是值得花的，因爲一旦你知道它們是什麼，你就能逐一改變它們。你根本不是無力幫助你自己的。那只需要鍛鍊和決心，以及對這一剎那透過你的信念正在不斷地創造你自己的實相這個念頭的信心而已。

練習

安靜地坐著，全神貫注於：「當下就是威力之點」——在那永恆的剎那你的能量把形式加諸物質——這個念頭。感覺你所有的內在力量、情感及智力與你的身體，你的物質交會——並給予其生命。感覺在內心世界與外在世界相會的那個威力之點能量源源流出到環境裡而形成你們的實相。全神貫注於其上。

現在，把你想看到具體化的某件東西帶入你心裡。感覺你整個的自己對這渴望——對你想具體經驗的這個信念——反應。感覺你所有的內在力量合力工作。在那一個威力點與物質實相交會，創造你所想要的實相。觀想它在發生並且想它正在發生：貫注於那個渴望成眞的情形。用你所有的能量與注意力去觀想它。

然後就忘掉它。一旦你想像你的信念成了眞，就不再去想它，不要一直尋找結果或查核看它是否有用。你知道它必然有用；你已向「架構二」提出了請求，你所需做的只是等待。你想要的你就會得到。

這是另一個你應每天做的練習。和那「感覺基調」練習一同做，這應給你對在你內的力量的一個強烈感受，那個你可用來創造自己實相的能量。

重要的是一定要確定那新信念是個正面的信念，即：「張三愛我，並且願意和我在一起。」而非：「張三不再是羞怯或冷漠的。」另一件事是，每天採取與這新信念一致的一些行動或某種姿態。如果你想克服害羞，你也許可以跟一個陌生人問好，或是與超市的收帳員聊上幾句。以某種方式表現出符合「我與別人可以自在相處」這新信念的行爲。對你創造自己實相的能力表現出信心。

當你有時在人生中爲了某個理由而感覺無力、受挫或沮喪時——那就用這「威力之點」的練習來與你自己存在的能量接觸。對你自己力量的一個認知會自動把你的恐懼釋放掉，因而也釋放了負面的感受。

所有負面的情緒都是恐懼的結果，而恐懼則是「無力感」的結果——面對一個非你自己所形成的命運之無力感。正如賽斯的一個學生曾經說的：「惡就是沒有能力。」有人問：「沒有能力做什麼？」而答覆是：「沒有能力，如此而已。」每次當你在任何方面感覺不安全時，就用這「威力之點」練習吧！

7 夢戲

在一個夢裡，你基本上對一個事件的這麼多面都有所覺察，以至它們之中必然有許多會逃過了你的醒時記憶。但任何一種眞正的教育必須把在夢裡的學習過程納入考慮，而沒有人能不鼓勵夢之探索、回憶及在醒時生活中創造性的利用夢之教育而希望能看到一眼心靈的本質。〔《心靈的本質》，一六六頁〕

在所有賽斯的書中，夢都扮演了一個重要角色。他把「對夢境之熟悉」當作了解我們實相的眞實本質及我們如何創造實相的一個必要的先決條件。

在醒時生活裡，我們與「架構二」(我們的外在實相建立於其上的那個內在實相)最直接的連繫局限於衝動、直覺與靈感——在「架構二」裡運作的我們的「內我」向我們的「自我」送出的訊息。「內我」在發出這些建議我們採取那些行動的訊息之前，它先把不斷流入它的資料加以整理，試著決定建議那些行動。作這決定的一個重要方法就是透過夢，在其間各種不同的可能性被預演，而由這些再選出最富生產力的行動。

在夢境裡，內我與外我——作夢的自我——以一種在醒時生活裡不可能的方式相會，而由內我觀察夢的戲劇，自我則參與其中。透過這相互作用，自我親眼看到了物質實相是如何被創造出來的，對它的理想之心理模式變得覺察，而也經驗到內在實相的多次元世界——我們在其中度我們的死後生活。為此之故，賽斯強調在夢境裡變得有意識地覺察之重要性。藉由把這狀態帶到有意識地覺察，可以學到很多，因為藉由有意識的操縱夢，我們能把我們的物質實相變成一個更和諧、更圓滿的實相。

賽斯一再建議我們採用一種可以讓醒時心智與作夢心智變得更覺察到彼此的睡眠模式。理想的模式是在一個廿四小時的段落裡睡兩個三小時的小覺，而且絕不要一次睡過六小時。超過的話會加寬了作夢和醒時狀態之間的間隙，而降低身心的效能。賽斯說，減短睡眠時間會使醒時自己憶起更多的夢中冒險。

另一個可使我們對夢中環境變得更有意識地覺察的方法，只是在入睡之前建議自己在夢中「醒過來」，把我們的醒時自己帶入夢裡而記住那個經驗。如果我們夜夜重複使用這暗示，誠心誠意想有這種覺察力，而對我們在夢中可能會遇到的東西不抱任何隱隱的恐懼的話，我們終究能把有意識的自我帶入夢，而覺察到前所未知的經驗與知識之深度。

這會在醒時生活裡造成大得多的彈性和擴展了的覺察力。

夢是非常具創造性而好玩的。賽斯把它們比作童年的遊戲：兒童明知只是一個遊戲而故意嚇他們自己，明知當他們的母親叫他們吃飯時，那妖怪就會遁形了。當我們長大些，我們學會把假裝當蠢事，人生變成一件嚴肅的事，而我們的好玩之心只在夢境裡才顯現出來。

那麼，成人的夢就像兒童的遊戲一樣。因此對我們的夢了解更多的方法之一就是，當我們在醒時生活裡時，遊戲性地爲自己假造一些夢，創造我們自己的妖怪、食人巨妖、女巫和小妖。這讓我們看出哪些象徵對我們有意義，我們在作夢時爲自己布置哪種情境——因爲我們醒時的夢會與我們眞正的夢有諸多相同之處。這樣我們能對意識的創造彈性——夢境的特性——變得覺察，而學會在醒時狀態也變得更有創造力和彈性。

這個練習將針對一個醒時的夢。應當重複的練習。如果你在同時也記錄你每夜的夢，則這個練習會最有效，以便你能比較醒時與睡時的夢。每晚入睡之前，對自己建議你會記得你的夢，而你會在它們正發生時對之變得有意識的覺察。緩慢而誠懇的重複這建議好幾次；然後放鬆而入睡。在枕邊放一本筆記薄和一隻筆，以使你一醒來就能寫下你的夢。但可別只把它們寫下就忘了。試著去分析它們，看看它們試著告訴你什麼。

現在，在你的日誌裡爲你自己創造一個夢。遊戲性地做而不要試圖結構你在寫的東西。只是開始寫，讓影像流過而不試圖去猜它們的意義。不要試想合乎邏輯而執著於一個想法。如果在一個句子的半中間你開始跑到另一串念頭上，就讓它發生。試著不把任何價值判斷放在你正在寫的東西上（「這眞是太怪異了」），或把自己導向某個方向。想像你是你的內我，當你一邊寫這夢時他一邊在看它的開展。也想像你是那在作夢的自我，好玩地演出夢中的事件，就像兒童在遊戲時所做的。別試想給這夢下結論——讓它以自己的方式結束，即使那彷彿是混亂不堪的。

現在，藉著玩味你剛想出的一些影像試試去詮釋那夢。你也許想藉由寫下你心裡對這些影像所想起的不論什麼東西來作一些「自由聯想」。不要試圖勉強賦予這夢什麼意義。跟它玩，再看有什麼意義浮現出來。這練習的主要價值在給你一些對你「眞正的夢」的本質之洞見，並且給你看看以一個更有彈性的意識在一個多次元實相裡運作是什麼滋味。

經常地重複這練習，並且記下當你的實相歷經它具特徵性的起伏時，你捏造的夢又如何變化。

8 想像力的角色

若要了解是你創造了你自己的實相，你需要由正常的醒時狀態（像一個人能由一場夢中醒來而悟到他正在作夢那樣）「醒過來」……只要你相信好事或壞事都是一個人格化的神按照你的行爲而施的賞與罰；或在另一方面把事件視爲是在一個偶然的達爾文式世界糾纏不清的網裡的那些大半是無意義的、混亂的、主觀的「結」，那麼你就無從有意識地了解你自己的創造力，或在宇宙裡扮演你身爲個人或爲「人類」所能扮演的角色。反之，你會活在一個世界裡，在那兒，事件發生在你身上，在其中，你必須對某種神明供奉祭品，或視自己爲一個不關心你的大自然之受害者。

在你還維持住你所了解的物質事件之完整性的同時，你還得多少改變你注意力的焦點，以使你能開始感知，在任何時候你的主觀實相和你所感知的事件之間的連繫。你就是那些事件的發起人。〔《個人與群體事件的本質》，一六五～一六

六頁〕

就如賽斯一直在說的，在我們物質世界裡的每樣東西，首先都存在於我們的想像中。我們有個傾向，會把物質世界想作「眞實的」世界，而把想像的世界——連帶不可解地與之相連的感受與信念——當作是如夢而非眞的，或當作是在物質世界裡所發生之事的一個分枝。我們根本沒想到，或許我們所經驗到的世界正是我們的想像、感受與信念的**結果**，而非其反面。但事實是，我們的想像、感受與信念正應爲我們遭遇什麼事以及我們如何去詮釋它負責呢！

這個練習爲的是使你接觸到你想像力的「主觀」世界。

坐在一扇窗邊，向外看世界好像看一幅畫一樣。把這畫面看作是你的想像力、感受和對實相之信念的代表。在還未把它向外投射之前，感覺你自己先在內心想像這畫面。感覺你的內在程序在運作，先描出一個粗略的外型，再把細節加上去，使得這物質的圖畫成爲你在此刻的所有想像、感受與信念的忠實複製品。感覺一下你能量的威力，它透過渴望把這內在實相轉譯成一幅具體畫面，以使你能隨之去沉思它，而從你的創造物中學習。

研究研究這「透過窗子看到的畫面」的細節。關於「內在的你」它們說了些什麼？是什麼驅使你在這特定一刻製出這一幅畫而非任何其他的畫面？這畫中哪些地方你曾在不同時候「所見不同」？哪些地方看起來總是一樣——相同的尺寸、形狀、顏色？畫中哪些地方特別突出？那些一直是背景？你認爲爲何會如此？這對你的信念、你的感受及你對實相作何觀感說明了什麼？

看看你能否對這畫面作輕微的改變。遊戲性地指揮你的想像力去輕微的改變這畫面，而在眼前看到其結果出現。認知那是你的想像力、你的思想、感受和幻想的內在世界在創造及改變在你眼前的這個畫面。

一週最好至少做一次這種練習，直到你創造自己實相的感覺已深深植入你內。在你的日誌裡，把每回你做這練習時所發生的事作個記錄——你對你的信念、感受和幻想發現了些什麼？以及當你試圖改變它們時發生了什麼？

9 衝動：直接的聯繫

整體而言，不論你對之覺察與否……你們的人生的確有某一種心理上的形狀。那形狀是爲你所決定的。你作決定是因爲感覺想做這或做那的衝動，以及反應你因私人的考量和別人好像對你的要求這兩者而生的想以這種或那種方式做事的衝動。在那些對你開放的無數可能性的廣大領域裡，你當然是有些指導原則的，否則你會永遠在一種猶豫不決的狀態。你個人的衝動提供了那些指導原則，使你看出如何對可能性作最好的利用，以使你能盡可能地成就你自己的潛能——而在如此做時，也對社會整體提供了建設性的幫助。

當人家教你不可信任你的衝動時，你開始失去了你作決定的力量，而在那情形下，由於你害怕去行動你也就開始失去了你的有力感。〔《個人與群體事件的本質》，二八〇頁〕

我們的宇宙是一個廣大的通訊網，在其中，不斷在運動的「具有覺性的能量粒子」繼續不斷地交換資訊。每個能量粒子都知覺到它接觸到的每個別的能量粒子，由它們每個收到資訊，也送出資訊。我們的身體——一個「具覺性能量」的完形——也是一樣，經常在送出和收到資訊。

當我們用到「架構二」這個詞時，我們是指這個我們可通過「具覺性的能量」而得到的無限的資訊之源。處理這資訊是「內我」的工作，選擇那些符合「全我」的需要、欲望和完整性的那些點點滴滴。而把它們送去給「自我」，它隨之決定要不要對這些衝動採取行動。那麼，衝動是我們與「架構二」的直接、有意識的聯繫，而提供了我們朝向我們的「理想行爲模式」——在任何一刻對我們最有益的行爲——前進之動力。

問題是，我們已變得不再信賴我們的衝動了。因爲它們自發自然地升起，在我們看來彷彿是非理性而不可信任的——我們的「自我」叫我們去做的事。

我們有把自己想作是兩個個別的「實存」的傾向。首先有「自我」，這個我們與之認同的熟悉的自己，它負責我們的言和行，它有某種個性、感受和思想。然後有賽斯所謂的「內我」或心靈，但我們常稱之爲「無意識」或「靈魂」的東西。對我們而言，它好像距離很遠，神祕而不可預測，但，儘管如此，在作決定時我們仍向它尋求指導和支持。

我們不信任我們熟悉的日常的自己，因爲我們學會了「自我中心」、自私和富攻擊性是不對的。因此我們白白地等著那「眞正的」內心聲音告訴我們該做什麼和怎麼做，却怕照自我的忠告去採取行動。

這種心態的第一個問題是來自把「有意識的」自己當作是自我，因爲自從弗洛伊德之後，「自我」這名詞已具有一種貶損的意義。雖則在字典裡它也許仍被定義爲：「任何人之自己或我」，大半人們用這字來暗示輕率的衝動、自私或攻擊性。但却沒有任何其他協議好的字可茲利用，因而我們被陷住不得不用「自我」這詞，而當我們用它時，即自動地帶起了我們對自我中心式行爲的先入之見。

但一開始，這種「有兩個個別自己」的想法就引起了一個更基本的問題。只要我們這樣想，我們就傾向於和自我認同，而與「無意識的」自己分開。因爲這種分離感，我們不會承認來自內我的訊息，反而把它們歸之於自我，因而認爲它們不可靠。因此我們沒能認識我們與所謂「無意識的」——但事實上，如賽斯指出的，更有意識的——自己有多親密的聯繫。我們沒能認知，與我們如此親密的我們熟悉的日常自己，就是我們自己所有不同部份的**總合**，一起合作來在肉體中表達**我們**／**我**／**你**。「內我」並沒被隱藏，却只因我們選擇了去把它認作是某個遙遠的、「在上面」的東西，以與永遠可辨認的自我相對，而不為我們所見。

有趣的是，我們不把別人想作只是一個自我。當我們看著別人，我們明白我們是在看一個完整的生靈，其內我清楚地透過他眼睛的光采、飄忽的一笑、說話的語氣和每個小動作表現出來。我們從不會想我們只在看一個自我；我們明知事非如此。但我們卻有把自己那樣看的傾向——因而使我們不信任我們的衝動，而有它們會給我們找麻煩的感覺。

可是，我們的衝動並非「自我」所產生的，反倒是我們對這些衝動選擇要反應與否之行動才是。自我是衝動的收受者，而非創始者。自我並不負責把衝動傳達給「我們」——不論在此「我們」是什麼意思——卻是以它必須處理的信念為基礎去作個決定：要不要採取行動。而太常發生的是，由於對這衝動的不信任，它選擇了不去行動。

如賽斯一再強調的，衝動天生是「好」的，因為它們是由「架構二」而來——「架構二」包含了我們理想的心理模式，我們「建設性行動」之藍圖。「架構二」是個創造性的構造，由它我們得知什麼對我們以及對世界最有利，而我們的衝動就是我們與這智慧之源最直接的聯繫。它們本來就是要保持我們生理和心理上的健康。因此使我們惹上麻煩的，並非隨順我們的衝動，卻是去否認它們。當我們一而再地否認我們的衝動，當我們不直接地表達它們，它們會找到其他的表達方式而令我們得知其訊息。珍・羅伯茲在《群體事件》裡談到這個：

> 我自己對衝動也傷過腦筋，只跟隨我認爲會把我導向我想去之處的那些，而劇烈地削減我認爲會影響我工作的那些。像許多其他的人一樣，我以爲跟隨我的衝動是達成任何目標最不可靠的方法——除非當我在寫作，那時，一種「創造性」的衝動就變成最受歡迎的了。我沒有瞭解到所有的衝動都是創造性的，就因爲這樣子的信念，好多年來我都有一種最惱人的類似關節炎的症狀，除了別的理由以外，那也是我削減了身體想動的衝動之結果。[序]

在珍的例子裡，被否認的衝動透過她的身體、透過身體症狀來表達它自己。既然她否認了那試想給她，她的身體需要運動這個訊息的那些衝動，內我就以一種不同形式提出了同樣的訊息。對別人而言，被否認的衝動可能在心理上透過沮喪、挫折或憤怒來表現。

一般而言，隱於心理症候背後的訊息比隱於身體症候上的要更難被認出來。舉例而言，我們很容易把想發怒的衝動視爲我們不能信任我們的衝動的證據，而非去把那怒氣詮釋爲一個被否認了的衝動——一個朝向某些建設性行動的衝動。因此，我們非但不試去發現憤怒之源，反而否認了那「第二次的」衝動，就如我們否認了引發它的「原始」衝動一樣——或是由一開始就沒認出那憤怒，或是由假裝我們沒生氣——因而創造出更多的症狀。我們越否認我們的衝動，我們就越感覺無力，而我們越感無力，想行動的衝動就越強烈——爲了減輕壓力而採取不管哪種行動。其普通的後果之一就是暴力犯罪。

那麼，暴力並非聽從我們最深的自然衝動之結果，反倒是一再否認那些衝動，以至於結果到了任何行動——甚至那些絕非理想的行動——也比沒有行動要好的地步。我們最初的衝動是有益的，驅使我們去盡可能地發展我們的能力。但如果我們選擇不去追隨它們，我們仍然會發展——不管以哪種方式，因爲這是個充滿活力的宇宙，沒有任何東西是靜止的。如果我們不盡可能以積極的方式留心最先給我們的訊息，那麼就會有更多的訊息不可解地繼續到來，直到我們終於被迫採取行動。到了那時，可能我們根本不覺得我們有採取行動與否的選擇了，那只會增加我們的無力感及被一個懷有敵意的宇宙所擺布的感覺。

因此我們必須認識且信任我們自然的衝動，它令我們接觸到我們採取積極行動的力量和智慧。以下分成兩部份的練習就是設計來幫助你這樣做的。第一部份是關於「認出衝動」，第二部份則是關於「檢查你所認爲的負面或破壞性的衝動」。

第一部份

爲這個練習準備一本小筆記本，你可以揷在口袋或放在皮包裡面隨時帶在身邊的那種。只管把你覺察到的每個衝動記下來，不管它多微不足道或看起來多無聊，不論你有沒有去做，也不管它看起來是建設性或破壞性的。記下你認出這衝動的地點、日期和大概時間，用一個短句描寫它，還有你對它做了些什麼——如果做了任何事的話。例如：「超市，五月十五，三點半。想到買張卡片給××——好久沒有她的消息。看了一遍架子。沒有合適的。算了。」

在這練習裡，這衝動是「原始衝動」（叫你採取積極行動的衝動）或「第二次衝動」（由被否認的原始衝動而起的）並不重要。在此重要的事是盡可能記下你所覺察到的衝動。只把它們記下來的決定就會自動地把你以前沒想到的許多衝動帶到有意識的覺察，即使是那些你對它採取過行動的衝動。

如果你持續地記錄，而定期覆查你做了什麼，你就會發現出現了一個模式。有些衝動也許很容易描寫，有些則否——你也許察覺一個衝動，一種想做什麼的內在衝動，但却不太確知那該是什麼行動。這即表示那是你比較不信任你內在智慧的一個領域。

你也許能把衝動分類，如「工作」、「朋友」、「健康」等範圍，而由此得知在每個範圍裡你行動的自由程度如何。或者你可以把它們分類爲情緒性衝動——憤怒、挫折、欲望等等，及身體性衝動——想買某件東西、寫封信、做些運動，或也許分爲原始的和第二次的衝動。無論如何，只靠著把在一段時期裡你注意到的每個衝動忠實地記錄下來，你就會變得更加覺察你與「架構二」的密切聯繫，而明瞭你正在由它獲得資訊和訊息。你不再覺得與這智慧之源切斷了。你也會看出你在哪裡及如何阻塞住衝動，而逐漸學會在當下採取小小的積極步驟，而非直等到你被那些被否認的衝動之鬱積壓力逼到採取激烈的行動爲止。不論你跟隨你的衝動與否，那會是有意識而非無意識的決定。

這個記下衝動的方法，也可被想除掉他們認爲的壞習慣的人成功地利用。我有位朋友每天要吸兩包香煙，她並不喜歡抽煙，却似無法停止，或甚至減少一些。她常常發現她抽著一隻煙却不記得她點過煙。她在她的煙盒裡塞進一張小卡紙和一截鉛筆，每次她有吸煙的衝動時就在卡上做個記號，然後再決定她要不要貫徹那個衝動。光是藉著把這些衝動帶入完全有意識的注意之下，在一週內她就能減少吸煙量到每天一包。還不止於此，她開始在她的吸煙習慣裡看到一個模式，看出吸煙是減輕（却也令其持續）她認爲無法控制的小挫折的方法。她隨即採取了一些減輕那些挫折的步驟，而開始對自己感覺好多了。

第二部份

在這練習的第一部份，你把每天重覆的小衝動——原始的或第二次的——記下來，那是很容易逃過你注意的，因爲單獨來看，它們好像對我們沒多少影響。而當再過目一遍時，你可能會發現，累積起來的話，它們之中有些的確有種影響，由你的觀點看來或是正面或是負面的影響。

在這個部份的練習，我希望你選擇去繼續處理那些，由於在其後的力量及壓力感而被你認出，是因較溫和的原始衝動被否認而來的「第二次衝動」。只舉幾個例子：一種憤怒或挫折的感覺，一種想暴飲暴食的強烈慾望，或想對某人證明你對某事的看法正確的驅策力。

試著回想最近你感覺過一種強烈衝動的事。在你腦中一絲不漏地重新體驗那件事情。然後在你的日誌裡寫下關於它的事，就好比你在由一名觀察者的角度來寫一篇個案研究。是什麼導致了那件事？在過去有沒有相似的情形？是什麼導致那些事？這些事有何共通點？先認定你的強烈感受是起自一種無力感，看你是否能發現你對何事覺得無力。你覺得自己無法採取一些積極而有益的行動，因而感覺無力。那積極而有益的行動是什麼？也許你想要幫助某人，但却好像有某人或某事擋在中間。是什麼？也許你有個創意，却受阻而無法表達它。那想法是什麼？你又如何能表達它？

每回你有個麻煩的衝動時——好像與你相信爲正確的、或好的、或眞的事矛盾的衝動——就以這方法去檢查它。你很快會發現，它是在你對朝向某個理想行動——也許是你感覺太過理想而絕不可能實現的一個行動——去做的衝動之漫長壓抑過程之後升起的。計劃一下去採取實現那理想的一些小步驟。當你開始信任你的原始衝動而採取一些步驟去貫徹它們時，你就會獲得一種與日俱增的有力感，以及與你的內我和「架構二」的相連感。

10 信念功課：之二

當你發現自己有這種想法的時候你可能憤憤不平地說：「可是這些全是眞的呀。我的確窮。我眞的付不起帳。」或諸如此類的。你明白嗎，在這樣做的時候，你就把你對實相的信念接受下來，當作是實相本身的一個特性，因而那信念對你而言，變得透明而看不見了。但它卻是你實際經驗的肇始者……你也許會在另一個領域追蹤你的思想，而發現自己在想，你的困難是在於你太敏感了。發現這個想法後，你也許會說：「但這是眞的呀，我確是如此。我本來就是對小事情有很大的情緒反應。」但那是一種信念，而且是個限制性的信念。

若你更深入地追下去，你可能發現自己在想：「我這種多愁善感其實還蠻不錯的，它使我卓爾不群。」或「這個世界配不上我。」這些都是限制性的信念。〔《個人實相的本質》，〇九〇頁〕

如賽斯所說，我們有許多信念局限了我們的活動而限制了我們表達自己。首先，我們必須發現那些信念是什麼（因爲它們之中有許多是看不見的），其次是看清它們的限制。一旦我們了解我們是如何限制了自己，我們就會被激起去改變我們局限性信念的動機。在做這些信念功課的時候，抱著一種遊戲性態度是很重要的，別把它們當作是阻擋你完成你希望做到的事的沉重障礙物，反之，把它們想作是你可以隨意挪動的兒童積木。如果你做成了一個你不喜歡的構造物，你永遠可以把它打掉再重新開始。

讓我們用以下這個從賽斯書和其他來源蒐集來的局限性信念的名單來開始這個信念練習。當你循序看下去時，勾出那些你覺得是眞的的信念——即使在理性上說，你「知道」並非如此——以及（或是）那些你看不出它到底局限了什麼的信念。通常最難看出的局限性信念就是那些你認爲是「好的」信念。在你的日誌裡，充分的檢查這每一個信念，以發現可能隱於其後的其他信念，就如賽斯所舉的例子：一個相信自己是很敏感的人，發現他爲之感到驕傲，因爲它令他卓爾不群。這些信念產生哪些結果？你覺得被它們局限了嗎？若是如此，你爲何用這些信念限制自己？你要做什麼才能改變它們？

- 女人在人生中的處境惡劣。

- 當你過了三十歲（四十歲、五十歲等等），一切都在走下坡。
- 表示憤怒是不對的。
- 我是個惹人厭的人。
- 人生乃悲傷之幽谷。
- 身體是低賤的。
- 我面對無法控制的環境而毫無辦法。
- 我沒辦法是由於在嬰兒時形成的個性和性格，我在我的過去的擺布之下。
- 我毫無辦法因爲我爲前生之事件所擺布，我對它是無計可施的。我必得受罰，或我正在爲前生對別人不好而懲罰我自己。因爲我前生的惡業，我必須接受我人生的負面情況。
- 我無法控制我的感覺（或我想什麼、做什麼或相信什麼）。
- 人們基本上是壞的，並且存心要整我。
- 我擁有眞理，別人都沒有。或我們這個團體擁有眞理，其他團體都沒有。
- 我比××要好（或壞）。
- 我的存在是靠我在肉身裡的經驗。當我的身體死了，我的意識也與之而亡。
- 我身體不好，而且一向如此。

● 錢財不是好東西。有錢的人都很貪心，比那些窮人沒靈氣，他們比較不快樂，又是勢力眼。
● 我永遠沒有足夠的錢財。
● 我沒有創造力。我沒有想像力。
● 人們不喜歡我。
● 我從不能做我想做的事。
● 我很胖／害羞／懶等等，或某人很胖／害羞／懶等等。
● 我運氣一直很壞。
● 我很蠢。
● 沒人愛我。
● 我不是個好母親／父親。
● 作母親（或錢財或美貌或才能等等）是人生中最重要的事。
● 我恨暴力。
● 我到晚上就很累了。
● 吸煙會引起癌症。

● 如果我繼續喝這麼多酒，我會變成一個酒鬼。

● 我說話太多。

● 我沒有音樂修養。

● 我生來脾氣暴躁。

● 我從沒得到任何愛，所以我又如何能給愛？

● 人們基本上懷有敵意。

● 我太敏感。

● 晚上單獨出去是很危險的。

● ＿＿＿是個愛敲竹槓的人。＿＿＿永遠會佔你便宜。

● 我怕作夢。我的惡夢往往成眞。

● 人生是無意義的。

● 財富勝於一切。

● 當＿＿＿時我就很愧疚，或，因爲我覺得愧疚，所以＿＿＿。

● 我眞無法與＿＿＿溝通。

● 我被我無法控制的無意識的慾望所擺布。

- 我無法戒煙（節食，等等），因爲我沒有意志力。
- 我有意想記得我的夢，但暗示並沒有用。因此，在意識層面上我要什麼都並不重要。
- 我太老（年輕、害羞，等等）而不能＿＿＿。
- 我很寂寞。我沒法不覺寂寞。
- 在人生中想改變我的行爲已太遲了。
- 我想得太多。我該更多去運動（更外向，等等）。
- 我太軟弱，無法抗拒＿＿＿。
- 我只想好的念頭，因而我會很健康，並且要抑制我的壞念頭，無論如何不可去想它。
- 性方面的念頭都是壞的。
- 我沒有價值；我沒資格快樂。
- 攻擊性是壞的。
- 我自卑。
- 沒有男人的女人比較無力。
- 我是個失敗的人。
- 年齡對我而言是無意義的。

- 我是個作家／畫家／醫生／老師，等等。
- 我必須將我的存在合理化。
- 懶惰是壞的。
- 你吃什麼你就是什麼。
- 你最好要買健康保險。
- 只有醫生能治好我。
- 我需要很多睡眠。
- 因爲我的才能我比別人要高超。
- 我對發生在我身上的事毫無控制之力。
- 我極端的負責。
- 感官知覺是知識或眞理的唯一來源。
- 女人是女性化而男人是男性化的。
- 越多越好。
- 所有的科學都是顯然無疑的知識。
- 心勝於物。

- 複雜現象之所有面貌都可藉著把它們簡化到其組成成份而獲得了解。
- 我們是存在於我們肉體「之內」的孤立「自我」。
- 勞心要比勞力高級些。
- 我們「擁有」我們的身體。
- 在物質裡，沒有目的、生命或靈性。
- 自然是個機器；身體是個機器。
- 科學的目的是在主宰和控制自然。
- 疾病是一個特定的生理機制發生了故障；醫生的工作就是去修理部份的機器。
- 沒有病就是健康。
- 任何暫時減輕疼痛的東西都必然是好的。
- 在出生時，人的心智是一張白紙，由感官印象把概念、想法印上去。
- 思想和情緒是人對外在刺激所生的行爲摸式。
- 努力的、自我否定的工作以及世俗的成功相當於美德。
- 持續的經濟和科技成長是必要而且好的。
- 俄國人（日本人，等等）是我們的敵人。

11 罪惡感與恩寵

罪惡感是同情的另一面。它的原始目的，是讓你有知覺地對你們自己及其他生靈產生「同理心」，因此你能有意識地控制先前只能在生物層面上處理的事。那樣說來罪惡感因而有一個強而有力的自然基礎，而當它被敗壞、誤用或誤解時，它有那種任何失控了的基本現象所有的巨大可怕的能量。〔《個人實相的本質》，二三七頁〕

罪惡感瀰漫了我們的文化，雖然它大部份是不必要而且具破壞性的。我們對吃「垃圾食物」感到罪惡，對星期日上午睡懶覺感到罪惡，當我們看到一位警察也感到罪惡，我們對說「不行」、說「好的」都感到罪惡……沒完沒了。我們花了極龐然的能量在對想像出來的錯事的罪惡感上。罪惡感侵蝕了我們的自尊心，妨礙了我們的日常運作，甚至引起了疾病和嚴重的沮喪，而絕大多數的時候，都沒有合乎邏輯的理由必得如此。我們並沒違反任何道德或倫理的法規，我們並沒做任何傷人的事，在有些例子裡，我們根本什麼也沒做——而那令我們覺得有罪。到底這種集體現象是怎麼來的呢？

賽斯解釋說，當人類演化到一種新的意識狀態而失去了動物本能時，罪惡感乃成爲一種必要代替物。在那時之前，他就像所有其他的自然生靈那樣活著——在一種持續的「恩寵狀態」。這種存在狀態之生起，是由於和大自然完美地協調，不費力地生長，喜樂地接受生命帶來的一切，把每日需要之滿足視爲理所當然，完全地活在永恆的當下。動物們對所有大自然的統一和相互關連有種本能感受，一種生物上的完整感和「同理心」，而這些自動地規範了牠們的行爲。

人是第一個在意識上演化到超過這種本能的存在狀態之地球生物。他朝向「自由意志」發展的動力，使他必須脫離大自然自我調整的、局限性的統治，以便能爲他自己選擇他想活在其下的「價值」。那些維持大自然之均衡的固有規律，對他而言，變成了指導原則，而非一成不變的法律，而有意識的同情取代了不許侵犯他「人」之生物上的命令了。這是指，人有自由去以其行爲做實驗，但也要爲它負責，因爲他明白它們在其他生物身上的影響。罪惡感因而誕生——賽斯稱之爲自然罪惡感，因爲它起自，必須在一個有意識的層面規範那些原先是在一個生物性層面上本能加以規範的事。它是個演化的步驟，對維持大自然的均衡以及它固有的公正感，是不可或缺的。

自然罪惡感是預防性而非處罰性的，就在於一旦人在某方面侵犯了自然，他的罪惡感會阻止他在將來採取同樣的行動。所涉及的唯一「懲罰」就是他因之而起的罪惡感，它暫時支配了意識而把他與他仍密切相連的「恩寵感」切斷了。當他覺得有罪時，他失去了仍爲其存在之特徵的偉大的、喜悅的支持感。

人對過去、現在與未來之意識（動物很少會發展的一種覺察力）和這種自然罪惡感是密切相連的，也可能罪惡感的觀點被用爲一種加深人的「時間意識」之工具。因爲罪惡感是要靠在現在對過去行爲的覺察，以及投射到將來對計劃中的行爲的覺察。人越常反省，他就對在他腦海裡操縱這些個觀念變得越敏捷。

可是，對我們而言，很不幸的，一種加深的時間感隨之又逐漸導致了一種罪惡感的擴大。罪惡感變得較少用爲對違反自然律的一種防護，而較常被一個人或派別用作以武斷價值蒙騙他人的方法。當人工罪惡感和良心取代了自然罪惡感和同情時，人就愈益看不見他與生俱有的權利，他在自然的大計中不可侵犯的地位，而開始把他自己視爲一個有毛病的生物，其在地球上的生存受到了懷疑而必須不斷地被合理化。驕傲根本不是發生在「墮落」（譯註：亞當和夏娃的犯原罪）之前；「墮落」使人與他的驕傲分開了。

這練習將分爲兩部份，第一部份與罪惡感有關，而第二部份與恩寵有關。

第一部份

在你的日誌裡，把所有你能想起會令你有罪惡感的事寫張清單。在單子的每項之間留些空白，以便稍後填入。這兒有幾個問題可讓你開始去想你有罪惡感的地方。

- 你做過什麼令你感覺有罪的行爲？
- 你有過什麼你認爲不該有、因而感覺有罪的感受？
- 因你與你父母的關係令你產生了什麼罪惡感？
- 與你身體？
- 與性？
- 與你同輩？
- 與你的另一半？
- 與你的孩子？
- 與你上司？

- 與你同事？
- 與你的教會？
- 與你的政府？
- 與社會？
- 與世界？
- 與動物？
- 與金錢？
- 與房地產？
- 與責任、雜務和儀式？

現在看一遍你的單子，在那些你相信是自然罪惡感——因自然律而起的罪惡感（維護自然之平衡所必需）——的例子前寫上「自」，而在那些你相信是人工罪惡感——由違反武斷的人爲價值而起的——的例子前寫上「人」。

現在檢查在你每一個例子背後的信念。例如，如果你說你對爲自己在衣著上花錢有罪惡感，那麼你爲什麼認爲這樣做是錯的？是否因爲你相信你不配有新衣服？因爲你相信錢該用在別的東西上？或你買不起？在相配的例子下面寫下你的那些信念。看看你是否想互換一下某些「自」字和「人」字。這有沒有改變你對自然與人工罪惡感的看法？

現在在你日誌的另一頁，檢查你對罪惡感的一般信念。如果你不相信罪惡感，當然你就不會有你剛才討論過的有罪感。那麼你對罪惡感有什麼信念？感覺罪惡是否必要？覺得有罪你又得到了什麼？如果你不相信罪惡感，會發生什麼事？如果其他人不相信罪惡感，會發生什麼事？誰需要罪惡感？

第二部份

當我們感覺有罪時，我們就不能體驗爲我們自然傳承之「恩寵狀態」。當我們體驗到「恩寵」時，我們就無法體驗罪惡感。因此克服罪惡感的一個方法就是回頭去與那「恩寵狀態」接觸。

當我們感受到我們深沉的「感覺基調」時，我們體驗到一種恩寵狀態，因爲它們使我們接觸到我們存在的本質、我們自然的勃勃朝氣，我們身爲人類之重要性和價值。因此，繼續定期地做「感覺基調」的練習，而當你如此做時，想像你在世界裡的正確性，你在每刻繼續創造自己的不費力。細細品味那種完美的協調感。這就是你的「恩寵狀態」。

12 對立性：一種人類的構築

……只有在你們自己的實相系統裡，對立性才有意義……你們對善與惡的觀念大半是來自你目前所採用的這種意識……既然你必須在如你感知的世界裡運作，那麼對立性將會顯得是「存在」的條件。可是，這些因素是爲了某些理由而被孤立出來的。你們在被教導，你也正在教你們自己去處理能量，去與「一切萬有」一起變成有意識的創造者，而「發展階段」或學習過程之一，就包括了將種種「對立」都當作是實相來處理。

在你們來說，善與惡的概念幫助你認識存在的神聖性及意識的責任。對發展中的「自我」而言，對立的概念也是必要的指導方針。「內我」對統一性的存在知道得很清楚。〔《靈魂永生》，五〇二頁〕

一切全是由一個「不服從」的行爲開始的。有一天，夏娃在伊甸園裡漫遊，看到在

「知識之樹」的一條枝幹上掛著一個她剛巧可搆得到的美麗的紅蘋果。她明白她不該吃那株樹的果實，但出於衝動——跟隨某個內心的聲音——她咬了一口。頃刻之間，一種新意識誕生了。一種與自然及本能分開了的意識，從那時起，其最深的信念將建立於「對立性」上，反映出這種分離與疏離感。

（附帶地，我想說，夏娃的那個舉動自始只得到一些惡評，有些人認爲那舉動只引起了麻煩。但我認爲她衝動地採取一個史無前例的行動之勇氣和信心應爲她贏得一個獎。我們得艱苦地與這種新意識所惹起的責任打交道並不是**她的**錯。首先她之採取行動就已擔負了超過她份內的責任，因而給了我們一個史無前例的成長和成就的機會，那是動物們在牠們有限的樂園裡不可能想像的層面上……但且讓我們回到這動作給我們引起的問題上。）

當然，神話是經高度蒸餾的眞理，而實際上人用了很長的時間才變得像他今天那麼與自然疏離的。不過，一切仍然是以「一個」舉動開始的。某人有做某事的一個衝動——他的內我永遠以全我的理想發展爲目的，而慫恿自我在意識成長的方向踏出一小步。這「某人」聽從了那聲音，而在人類史上，第一次有個「自由意志的行動」被採取了。

且說，在之前，人就像所有其他自然生物一樣，並不需要「記憶」。當每個人都自動去做自然預定他做的事時，根本不需要記得事情。也許第一次的自由意志行動之可驚的突發性銘刻在心智上而使得它被記住了，但無論如何，一旦那舉動被做出來，記憶就變得必要了。否則，自由意志永遠不會有用。那麼，那些獨立行動可能很快的就流行起來，記憶乃因這些獨立的行動而急速的發展，這引起了「自然罪惡感」的發展。如我們所知，既然人類對其他的自然生物有同情心，若人傷害或侵犯了牠們，人類心裡並不會好過。當這發生的時候，人暫時失去了他們對生命的喜氣洋洋感，他們的恩寵感——而他們記得這個。下一次當做同樣事的機會來臨時，他們追憶起他們在過去是如何感受的，投射到未來，而知如果他們再做一次會有何種感受，因而決定不去做。

那麼，這就是由同情所觸發而由記憶使之成爲可能的自然罪惡感。它本身並無絲毫的懲罰之意，除了當他做了某件不大好的事而體驗到暫時失去了「生之喜悅」外。但它主要的意義是作爲一種「嚇阻」。人類在一個有意識的層面學習先前本能告訴他們的事：

你們不可侵犯。

當人發展他反省過去而投射到未來的能力（被自然罪惡感加強的一種發展），並且當他能在心智中包括更多的影像時，他必須開始分辨這各種不同的影像——不然它們會全都一片模糊了。他發現他記得的過去經驗有些比別的回憶起來愉快些，而在這「愉快的」

和「不大愉快的」之間的區分，對他在腦海中把這兩者彼此分開很有用。但它終告兩極化，成了今天在我們意識裡根深柢固的「善—惡二分法」。

在同時，這種做分辨的傾向，就像自然罪惡感，有進一步發展人類心智的作用。很快的人類就在教育他們的後代，把老一輩所揀拾的知識傳了下去。新的族類仍然有很強的生存本能，而早期的教育性企圖大半是存活取向的。當老者詳述他們的過去經驗時，他們會有強調那些有負面後果的經驗之傾向，以使孩子們學會不去重蹈覆轍。因爲這些訊息關係到存活，所以常會有很重的情感上的份量。孩子們學會了把負面情感與疼痛、死亡和掠食者聯想在一起。在如此做時，他們開始失去他們以前有過的整體看法，在其中健康和疼痛，生命和死亡被視爲一個統一整體的不同面貌。

然後人類發現了價值判斷。現在，就自然罪惡感而言，並未涉及批判。如果一個人做了他認出是個「侵犯」的事，他覺得有罪，記住那感覺，他就不再犯了。但並沒人因他所做所爲而判他的罪。畢竟，除非他直接體驗那件事而感受到罪惡感，他人如何能知他做了侵犯別人的事？但是，當人類開始透過第二手經驗來學習時，情況就變了。孩子們被告以：去做某種事會導致不愉快的後果。大人並沒預期他們去親身體驗而發現「所言不虛」。於是，如果有人在被告以後果之後，仍不管三七二十一動手去做了那件事，這行爲就被認爲是「壞的」，因而他被認爲是「壞人」。

人類一旦開始用價值判斷，就沒個了局了。一個人可能因做了某件事而被判斷爲壞人，即使並沒人告訴過他那事是禁忌。或者他可能因不小心做了某事而變成了壞人。或者他可能因想到某事而成了壞人。在那種說法裡，自然罪惡感變得根本沒有意義，同時人工的罪惡感則僭取了很大的比例。同情——自然的聲音——在良心——社會的聲音——的遮蓋下，就很少能被聽到了。

那麼，人工罪惡感是由價值判斷升起的，而價值判斷之產生，是人用來幫助他記憶的「分別心」之不可避免的後果。在一開始這些「分別」是很微妙的——好比說，愉快的或不大愉快的，但後來它們就變得兩極化的此／彼，黑／白之分了——因此如果某事不是「愉快的」，那它就必須是「不愉快的」。在兩件事（隨後，在物體及觀念）之間的相似性和聯繫被忽略，而其不同則被強調，以致於它們被視爲「正相反的」。

我們相信這種對立性，因而它在我們的系統裡變成了一個實相。但，如賽斯所說，在那些沒有時空觀念在運作的其他系統裡，它卻不是一個實相，在那兒每件事都同時被感知，因而不需要在記憶裡執著於「分別」。因爲我們零碎的一點一滴的感知經驗，我們能作出在其他系統裡不可能做到的「分別」。但若我們能了悟這些是武斷的分別，是非常具創造性的構築，而非關於實相本身的事實，我們會比較不被局限於以二分法來看這世界，而隨之做出判斷。

舉例來說，我們創造出的一種二分法是生病／健康。你不是病了就是沒病；我們很難想像在兩者之間的什麼。然後我們進一步判定生病是壞的，而健康是好的。於是，生了病的人覺得自己有罪。他們是壞的，因爲生病是壞的。

如賽斯所說，生病和健康是一件關乎體內的平衡的事。我們所認爲的疾病是身體失去了平衡而正自動採取了改正措施之兆，這是個自然的過程，週而復始地發生，每個人有不同的模式。由這觀點看來，生病和疾患是有治療性的，爲的是維護身體的穩定性。動物本能地了解這點。但我們已失去這本能性的了解而變得怕生病，把它視爲全然地具破壞性了。因而常常產生由於生病帶來的破壞。

當然，在我們實相裡的基本二分法——在所有其他二分法之下的——是善／惡之分。我們熱烈地相信惡之存在，它因而就存在於我們的實相裡。我們幾乎無法想像一個「惡」不存在的世界，既然我們看見它總是在我們身邊——作爲我們信念的一個忠實反映。在我們看來，它像是我們實相的一個基本特性，就像時間與空間一樣——一個基本假設。但它並非一個必要的信念。雖然，若我們不相信時間與空間，就無法在這實相裡運作，我們卻能不相信「惡」而運作。賽斯對此這樣說：

> 雖然這也許像是一個極端樂觀的說法，但是不管怎麼說，基本上而言，沒有「惡」的存在。這並不表示你不會碰到一些看起來是「惡」的現象，但是當你們每個人單獨的旅遊過自己意識的各個層面時，你會了解所有似乎相反的東西，其實是一個朝向著創造的極大「驅策力」的不同面貌而已。〔《個人實相的本質》，三八五頁〕

如果我們終於把我們先前標示爲「惡」或「壞」的東西視爲創造性的行爲，而了悟到我們現在全在這個層面上學習意識之責任和生命之神聖性；如果能把「惡」看作是「下次別做什麼」的一個教訓；如果我們能信任自然罪惡感和同情心來指引我們和別人，而不被恐懼及責備所抓住的話，那麼在我們的系統裡「惡」就會失去其力量，而終至失去其實相。

以下的練習很長，分爲兩部份。你也許想分成兩次去做。

第一部份

如我們已看見的，對立的觀念是生自必須由可能的行動中作選擇，因而區分各個行動。一開始這些分別是些微妙的分別，但稍後它們變成非此即彼，非黑即白的兩極化分別了。這頗自然地導致人作出價直判斷。在這練習裡，你得看看你所做的分別，以及你對各種不同的特質所形成的批判。

你對以下這些屬性的價值判斷爲何？快速地掃過這名單——別作第二次臆測——看看你對每個特點覺得是正面的、負面的或中立的。

特點	正面	負面	中立
• 積極的			
• 害怕的			
• 攻擊性的			
• 天使般的			
• 憤怒的			

特點	正面	負面	中立
● 焦慮的			
● 利他的			
● 好辯的			
● 肯定的			
● 嗜好運動的			
● 有吸引力的			
● 苛刻的			
● 美麗的			
● 盲目的			
● 大膽的			
● 男孩氣的			
● 勇敢的			
● 聰明的			
● 工於心計的			

特點	正面	負面	中立
●鎮定的			
●無憂無慮的			
●小心的			
●隨便的			
●謹愼的			
●迷人的			
●清楚的			
●伶俐的			
●封閉的			
●冷酷的			
●多彩多姿的			
●冷靜的			
●有同情心的			
●好勝的			

特點	正面	負面	中立
● 有知覺的			
● 保守的			
● 合作的			
● 有創造力的			
● 苛責的			
● 狡猾的			
● 蠻勇的			
● 黑暗的			
● 致力的			
● 依賴的			
● 沮喪的			
● 忠心耿耿的			
● 骯髒的			
● 有紀律的			

特點	正面	負面	中立
●不適的			
●喜愛家事的			
●渴切的			
●世俗的			
●古怪的			
●多愁善感的			
●精力充沛的			
●平和的			
●異國情調的			
●花巧的			
●敏捷的			
●肥胖的			
●害怕的			
●女人氣的			

特點	正面	負面	中立
●堅決的			
●有彈性的			
●強有力的			
●外國的			
●正式的			
●坦白的			
●受驚的			
●嚇人的			
●節儉的			
●少女似的			
●英俊的			
●快樂的			
●健康的			
●高尚的			

特點	正面	負面	中立
●誠實的			
●含敵意的			
●熱烈的			
●理想化的			
●有想像力的			
●不偏不倚的			
●頑皮的			
●衝動的			
●獨立的			
●教育性的			
●聰明的			
●激烈的			
●直覺的			
●有發明才能的			

特點	正面	負面	中立
●無信仰的			
●不負責的			
●寬大的			
●輕快的			
●低沉的			
●人造的			
●男子氣的			
●母性的			
●多變的			
●拘泥細節的			
●謙虛的			
●有道德的			
●自然的			
●非常貧窮的			

特點	正面	負面	中立
●不運動的			
●吵鬧的			
●滋養的			
●老的			
●開放的			
●樂觀的			
●父母似的			
●挑剔的			
●熱情的			
●父性的			
●和平的			
●縱容的			
●固執的			
●有說服力的			

特點	正面	負面	中立
● 物質的			
● 平淡的			
● 有禮的			
● 貧窮的			
● 有力的			
● 實際的			
● 平庸的			
● 保護的			
● 通靈的			
● 易怒的			
● 文靜的			
● 鹵莽的			
● 理性的			
● 現實的			

特點	正面	負面	中立
●虔誠的			
●負責任的			
●有錢的			
●有危險性的			
●愛冒險的			
●浪漫的			
●粗野的			
●悲傷的			
●合乎科學的			
●誘惑的			
●自制的			
●敏感的			
●官能的			
●認眞的			

特點	正面	負面	中立
● 性感的			
● 矮的			
● 怕羞的			
● 沉默的			
● 簡單的			
● 邋遢的			
● 慢吞吞的			
● 圓滑的			
● 世故的			
● 乖戾的			
● 靈性的			
● 自發的			
● 克己的			
● 嚴厲的			

特點	正面	負面	中立
●堅強的			
●有格調的			
●巧妙的			
●言詞猥褻的			
●有支持作用的			
●甜美的			
●多話的			
●高的			
●瘦的			
●節省的			
●膽小的			
●容忍的			
●不說謊的			
●醜的			

特點	正面	負面	中立
●不矜持的			
●無意識的			
●不可預測的			
●使人意氣高昂的			
●溫暖的			
●軟弱的			
●有智慧的			
●年輕的			

現在挑出你對之最有正面性感受的五項特性，以及你對之最有負面性感受的五項。在你的日誌裡寫：要做（填入某種特性）的人就是要……，然後讓你的心象流動。這會顯露出你對關係到那特性的實相之信念。對你所選擇的其他特性也這樣做。

第二部份

從這特性的清單裡，找出你做了正面／負面記號的相反的對子。例如，年老／年輕是相反的一對。如果你對其一做了正面記號，而另一個做了負面記號，那就用這一對。針對每一對，在你的日誌裡寫下這兩個特性的所有**共通處**，以及它們之間的**聯繫**。如果你還沒這樣做的話，就先以檢查你對某特性的信念開始，然後看看這些信念——包括正、負兩者——有什麼共通處。用年老／年輕的區分作例子，也許你相信「年老」令人無力做什麼，而「年輕」是無憂無慮的。由此，你於是可能找出一個聯繫：「無法照料自己」就是令年輕人無憂無慮的因素，而這也很可以適用於老年人。

13 一個對話

《對話》現在是一本剛完成的書，但它也透過一個問答形式而代表了「自己」的一個變動，魯柏藉著它認識且面對了許多不同的信念。每個讀者，也可以利用同樣的方法把個人信念客觀化成對話的形式，不論有沒有涉及藝術性的成就。當你給自己自然的創造性很多的自由，這在夢境也經常發生。常常有一種夢，你在其中是兩個分開的人，彼此或是陌生或是熟悉，一個問另一個問題。「《個人實相的本質》，三五七頁」。

在以上的摘錄裡，賽斯所提到的書是《靈魂和必亡的自己在時間中的對話》，有一卷詩，珍在其中描寫心和身——她自己的彷彿相反的兩方——之間的一個對話。在其序言裡，她說出她如何開始寫那本書：

……《對話》幾乎是滑稽地由一個相當微不足道的事件所觸發。一位很有名的作家在一本全國性雜誌裡說到我是「中年人」。他的文章提及我的書及想法，在其中所有的時間被視爲同時的，並且他也相當公平地對待我的書。但我感到受辱而大發雷霆，而且不管在理性上我告訴自己什麼都無法甩掉我情緒化的憤慨。

我發現自己淚汪汪的，拚命吼叫、咒罵。在同時我也看出了這情況的好笑，但這只令我更加氣憤。我拒絕否認我情緒的合理性，因此我隨它去。但我卻被我對時間的理智觀念和我對它的情緒反應之間的不同——至少在此例中——嚇了一跳。心智傲慢地我行我素，同時身體卻面對着它與時間及季節的每日接觸。而「我」在這裡，夾在這了解的鴻溝裡，懸在心與身對實相的體驗之間。但「我」很火，很氣，涕泗交流；因此，至少在那兒，情緒和身體的感受在主控著。

而你又如何能使這兩者和解？我站在那兒，擤着鼻涕，對三個分開的知覺方向都十分覺察：傷心與憤怒情緒的上衝；一個對這情況多少有點超然的、被逗樂的、理智上的分析；以及第三個集中注意力的方向，在其中我由另一個著眼點帶著一些同情「向回」看一個生物，其經驗包含了那種難局。最後這個層面既不感受那情緒，也不感受那理智的問題，卻是對兩者皆覺察而又置身事外的。就在緊接著的下一秒，《對話》的第一句就完整地躍入我的腦海裡了。「《靈魂和必亡的自己在時間中的對話》，序」

她接下去在一個半小時裡寫了四首詩，然後停下來，以爲她已寫完了。但當日子過去，整首整首的詩躍入腦海，而她在她描寫爲一個加速了的意識狀態裡把它們寫了下來。她直接體驗到她的情感，就好像對話是件眞實生活中的事，而透過這個她感受到一種淨化作用，一種解答。這過程長達三個月，直到她知道那對話已完。她回顧這本書的寫作，當它是一種巔峰經驗。此地是她寫的詩中間的一首：

對話二：松鼠

啊愛
這必亡的自己，它傾聽
並說道：「親愛的靈魂，
你的大理石字眼

輾滾過我的骨頭，
從我思想之高山
直到我的足趾邊。
你的話冷酷無情。
有種我與鳥獸分享的
肉體語言，
生物與生俱有之
肉體焦慮
不爲你所知。

雖說如此
剛才我看著一隻松鼠。
牠棲在冬風中
猛烈動盪的細枝上，
吃了些種子。

你不見牠害怕
墜落下來
或向牠的靈魂祈求
抓得穩些。
高棲於牠自己的必亡性之上，牠了解，
像個小小毛聳聳的神祇，安住
在我已失去的一個
生物界的祕密天堂裡，
在牠自己的過程裡
有如全能上帝。
我爲什麼要嫉妒牠？
松鼠不會寫詩。
牠甚至不知現在是三點。
就牠所能追憶的而言，

昨天就等於没有一樣。
然而牠看來剛毛豎立
帶著我欠缺的一種神聖性，
同時既永恆又活潑，
對牠自己的必亡性如此無知
牠會永遠活下去，
至少，直到牠的死亡，
那不會侵犯牠分毫，因而
不具眞實性。

牠怎能這麼笨
卻活得如此之好？

靈魂說：「天哪！
我没想到

你處於如此糟的心境。
你爲何没説
你是宇宙中
最低等的生物，
就認命算了？
問題在你『見而未視』。

至於那松鼠
牠不知時間之短長。
即使牠活了一千年，
牠的分秒消失
彷彿從未存在過似的。
牠的動物性明晰被賜以
對過去的
即刻取消

而牠在何處，即是永遠。

還有：
松鼠之無知就與那
容許你說出你名字的無知一樣，
雖則你唇內的細胞
對你在學校學到的字母
一無所知。
就『無知』而言，
你甚至不知你的身體如何
把它那堅實的身子
由一個房間移到另一個房間。

尤有甚者，你躍過
月與週的枝幹，

不曾失足，醒或眠，
當你高高盪過
你吱吱喳喳的記憶
叢林之樹梢。
但在你對松鼠之盲目嫉妒中
你忽略了所有這些。
牠有牠的世界而你有你的。
你的思想與
你心的風景融合
就像樹在外面長出來
那麼容易。
你的理智高張，如
在那內在天空移動之月
照亮了眼眸之無知智慧
它看見卻不明何以得見

也不問何故。

〔《對話》，〇七～〇一一頁〕

在這練習裡，你要寫下你自己彷彿對立部份之間的對話，看看你是否能解決其歧異。這也許是自我與內我、父母和孩子、心與身、理智的自己與直覺的自己、男性化的那面和女性化的那面——或也許是你在夢裡所碰到的兩個自己。

如我們所見，珍是經由她在其中體驗到強烈情感，並且感受到作爲一個對多愁善感的人之超然旁觀者的滋味的一件事，而得到開始寫《對話》的靈感。如果你想起在你自己生命中你體驗到強烈情感——不論你有沒有也覺察到一個超然的旁觀者——的一件事，這也許是寫你的「對話」的一個起始點。

在你的日誌裡把它寫下來，並且試著讓你自己在寫時體驗到你的感受，好像被描寫的情形實際上發生了一樣。別試圖去逼出對話來，傾聽來到你腦海中的話，把它寫下來。在你寫完之後，如果你不覺得，只由寫這對話的經驗本身就有一種解答之感的話，就把兩方所表達的信念列下來，看看你能否在它們之間找到關聯，就像你在上一個談「對立」的練習裡所做的一樣。

14 價值完成

價值完成是存在於每個意識單位裡的一個心理與身體的傾向，促使它向它自己最大的完成前進，並且是以這樣一種方式進行，以致於它個別的完成也對每個其他的這種意識單位的可能最好的發展有所助益。〔《個人與群體事件的本質》，三一八頁〕

我們每一個——包括動物、植物及原子——都生而俱有我們是很特殊的這種感覺。我們感覺自己在生命的中心點，而幾乎無法想像一個與我們自己不同而同樣合理的觀點。沒有另一個人有完全相同的視角。我們也生而俱有，我們完全適合我們的環境之安全感，並俱有去探索、擴展及實現自己的慾望。這種賽斯稱之爲朝向「價值完成」的動力，只不過是一種想改進我們發現自己爲其中心的不論哪種生命形式之品質的慾望——透過我們自己獨特的傾向，以不論哪種可能的方式去豐富那個生命，而在如此做時，留下我們的痕跡。如我們已明白的，我們每個人都有我們自己理想的心理模式，我們自己的成長藍圖，它驅使我們朝著可能是我們自己最偉大的價值完成前進——而在同時，那又導致其他生命形式的充實。

那麼，苟活——不計代價地活下去——對我們任何人來說都是不夠的。生命必須有意義。如果我們失去這種我們身在生命中心、我們是安全並且能主控我們的行爲、我們在事情的設計裡身爲一種有意義的力量的感覺的話，我們可能會變得精神錯亂。基本需要的滿足並不夠。我們必須也覺得安全並且夠自由去創造；透過加強並實現我們擁有的不論何種特質，去用我們的活力在我們的生命裡找尋意義。我們不只是對刺激反應的一種有機體，卻天生有朝向成長和價值完成的衝動。

在這個練習裡，你要看一看那些於你有重要性、使你生命有意義的價值。在如此做時，你應對你個人特殊的「理想的心理模式」有些洞見，那是住在「架構二」裡，而你的內我一直驅使你去發展的模式。

對你而言，擁有（或努力去發展）以下的價值的重要性如何？把每一個在1到5的尺度上評估一下，1是「不重要」，而5是「極端重要」（把你認爲重要的任何其他的價值加進清單裡）。

- 一個好的教育
- 很多的旅行機會
- 藝術性的成就
- 滿足
- 滿意的性關係
- 健康良好
- 家庭關係密切
- 力量
- 一個美麗的身體
- 財富
- 名望
- 運動方面的能力
- 一個有價值的目標
- 有伴

● 心靈的成長
● 一種幽默感
● 好奇心
● 靈巧的手
● 敏感
● 紀律
● 獨處
● 熱情
● 視力良好
● 聽力良好
● 人緣好
● 忠心耿耿的配偶
● 有吸引力
● 個人自由
● 對國家忠誠

- 男性化／女性化
- 浪漫之愛
- 宗教信仰
- 自重
- 討人歡喜的個性
- 誠實
- 受人讚美
- 天才
- 勇氣
- 沉著
- 耐心
- 溫和
- 擅於文辭

下一步是在你的日誌裡記下所有你評價爲5的價值，然後再按它們的重要性排列次序，把最重要的價值排頭，最不重要的排尾。既然你已把所有這些個價值評估爲「非常重要」，這也許很難做，但經由強迫自己在你最重要的價值裡做個選擇，你對什麼眞的對你很重要，會有很大的發現。

在你做了那個之後，在你的日誌中檢查一下你認爲最重要的那些價值的發展情形。你與每個價值有關的信念是什麼？當你想到那個特定的價值時，你感受到什麼情緒？在那些情緒背後的信念是什麼？這些信念中有任何一個具局限性嗎？你在過去什麼時候第一次對那個價值（的發展）變得覺察了？你採取了什麼步驟去發展它？你現在在做什麼？你對將來有何遠景？

利用來到你腦海的不論什麼影像，寫一篇名爲「有意義的人生」的詩來作結。

15 刷新記憶：之一

對你們每個人而言，過去包含了一些喜悅、力量、創造性與璀璨的時刻，以及不快樂的、也許絕望的、慌亂與殘酷的插曲。你眼前的信念將像一塊磁石般的啓動所有這種過去的問題，不論是快樂的或悲傷的。你將由你以前的經驗裡選擇所有會加強你有意識的信念的那些事件，而忽略那些無關的；後者可能甚至彷彿不存在似的……露出的記憶會打開身體的機制，將過去與現在融合在某種和諧的圖畫裡。這是指所有那些片段的記憶會拼在一起，不論它們是愉快的或不愉快的。

過去與現在這樣子的結合，使你易於有相似的將來事件。因爲你把自己準備好了來接受未來的那種情況。現在的改變十分實際的改變了過去與將來兩者。

〔《個人實相的本質》，四五四頁〕

你有沒有注意過，當你想到一個過去的事件，就多多少少感染了在那時你所有的感受？你想到一件困窘的插曲而再一次的重新感到羞窘；重新敍述一個勝利的時刻，令你再一次覺得勝利。這就是當賽斯談到記憶打開了身體的機制，以及「將過去與現在融合在某種和諧的圖畫裡」時的意思。換言之，藉由想到過去，你實際上改變了你的現在，而爲你自己在將來遭到相似的事件搭上了線。

這件事的涵意很明顯：如果你想爲自己創造一個更愉快的現在和未來，不要久住在對過去的不愉快的思緒上。反之，集中焦點在正面的、愉快的時光，利用它們來加強現在。

這是兩個練習的第一個，其目的是使你與就你而言是愉快而肯定性的過去經驗接觸。如賽斯所說，我們比較會由過去選擇那些會加強我們目前信念的經驗，而忽略其他的。因此，如果我們覺得消沉，我們很可能回顧過去而憶起我們在過去有同樣感受的時光——那只會加強了現在的感覺。藉著做這些練習，你會建立起一個可由其中汲取愉快事件的「戲目」。當你對某件事感覺消沉時，你可參考這些，集中注意力於其一，而眞的從過去帶進你的現在一些那種愉快的感覺，而不去回憶不愉快的事情。

別去嘗試一次做完這練習裡的所有項目。每天空出十五到二十分鐘去做，直到你用過會把愉快的事情帶到你腦海的所有項目。就每一項而言，閉上你的眼睛，一邊回憶一邊想像當時的情景。感覺你自己在那兒，嗅到氣味，嘗到滋味。細細品嘗每個愉快的片刻。然後讓那景像消褪，而感受那些愉快的情緒現在在你身上的效應。感覺那能量湧過你。想像你自己在未來也覺得一樣的好。

記起一個時候當：

- 你被稱讚，因爲一件工作做得很好
- 你捧腹大笑
- 你墜入情網
- 你被某人深深感動
- 一個美夢成眞
- 你享受一個美麗的日落
- 每件事都恰恰合適
- 你得到完全的滿足
- 你贏了

- 你眞的欣賞某人
- 你放縱自己
- 你覺得解脫了
- 你覺得與宇宙合一了
- 你覺得被珍惜
- 你享受一張溫暖的床及乾淨的被褥
- 你逃學
- 你有一個「恍然大悟」的經驗
- 你被選中了
- 你去按了次摩
- 你不管別人怎麼想
- 你被某樣東西深深吸引
- 你與某人講和
- 你克服了你的恐懼
- 你悠閒的無所事事

- 你很快樂
- 你表現得很有勇氣
- 有人安慰了你
- 你覺得像個小孩般淘氣
- 你發現你知道得很多

16 信念功課：之三

你體重過重。你試過節食卻無效。你告訴自己你想減肥。到現在爲止我說過的話你也都聽進去了。於是你改變信念，你說：「由於我相信自己過重，我就眞的過重，我且改弦更張，想像自己有一個理想的體重。」

但你發現你仍然吃得過多。在你心目中，你看自己仍舊過重，仍在想像那些糖果點心，而以你們的話來說，你向你的想像力「豎白旗」——於是你認爲意志力根本無用，而有意識的思想也毫無力量可言。

但假設你越過了這一點。在全然絕望中你說：「好吧，我且再深一層的來看看我的信念！」……你可能發現你相信你這人沒有價值……或體重是健康的表徵……你是如此的脆弱，隨時會受欺侮，因此你需要重量，以便那些人在把你推來擠去之前會多考慮一下。在所有這些情形中，這些概念將是你可以意識到的。你常常懷著這些想法，而你的想像與情緒都是與它們一致的，而非衝突的。「《個人實相的本質》，一四〇～一四一頁」

爲這第三個「信念功課」，在你的日誌裡寫下你對以下這些範圍裡的信念：**我對世界顯出來是什麼樣子？世界對我的反應如何？我自己看我是什麼樣子？我對我自己的反應如何？**

再一次的，以「事實」來開始——你的年齡、性別、身高、體重、婚姻狀況、教育程度、職業履歷。然後想想這些「事實」。你是某個年紀的「事實」，對別人有何影響？對你自己有何影響？你或別人認爲你是年老或年輕、正過巔峰時期、少不更事？就每一個「事實」問問自己像這樣的問題。然後繼續描寫你的個性、你的特點、你的技術、能力、成就、喜惡、人緣等等。但在此試著不要強調對你自己的局限性或負面的信念，也包括正面、不局限的信念。

爲這練習之故，試著感知你的想像力在你對自己的信念裡扮演的角色。在你腦海裡有什麼畫面？這畫面與你列出的信念符合與否？如果不符合，重新檢查你的信念。你也許會找到在它們後面而與你的想像相合的其他信念。你要明白，藉著改變在你腦海裡的畫面，你也可以改變你的信念。

17 肯定你的情緒

……你必須接受你的「情緒性的自己」，不是表面上或理想上能接受它，而是以它現在存在的樣子接受它：你現在是什麼這個現實——而後你才能開始去在「你是什麼和你有什麼」上下功夫。「自己」是切身的就如「一切萬有」是切身的一樣，而你最快的切入之點就在你現在的感受這一點上，別無他法。你在這一刻或任何一刻接受你的感受，就能打開達到你的情感之門……。〔《與賽斯對話》〕

如我們已明白的，情緒是衝動的一種，因而，是與包含了我們理想的心理模式的「架構二」有直接聯繫的。內我是在「架構二」裡運作的，處理它不斷以「有覺性的能量」的方式收到的資訊，選擇並轉譯那些與我們切身有關和有益的資料，再把它送到「架構一」讓自我去據之行事。

但我們却太常不對我們收到的衝動採取行動，尤其是當這衝動是以一種情緒的形式出現的時候。我們已變得害怕我們的情緒，怕如果我們讓它們出來，「閘門便會冲開了」，而我們會被消滅——或消滅了別人。但害怕我們的情緒比表達它們可能終究會導致更激烈的後果，因爲焦慮加到原來的情緒上只會加強了它。

在任何被阻擋住的衝動之後有這麼多力量的理由是，情感累積了起來。好比，舉例來說，你覺得自己對某事生起氣來，却因你認爲生氣是不好的，就壓下它來。你仍在內心感覺到那未被表達的怒氣（雖然也許你並未意識到——它現在也許是在一種痛或背痛或沮喪的形式裡），它令你感覺無力，那種感受增強了原來的憤怒的感覺。猶有甚者，你怕你仍會讓那壞情緒出來，因此那種感覺也把它的能量加在原來的怒氣上了。因此一種情緒累積了起來——若它即刻被表達的話，本來會很快就消散的。當壓力在你內昇高時，你發現自己「惡向膽邊生」，因而令你自覺有罪和恐懼。你壓下那些惡念、罪惡感和恐懼，在原先被否定的衝動上又加上更多的壓力……如此這般，直到你發展出胃潰瘍、患上偏頭痛、沉入嚴重的沮喪或犯下「持械搶劫」爲止。

只壓抑一次不太可能會導致這麼悲慘的後果，但問題在於，我們經常不斷的壓抑情緒，而必須找到什麼來釋放累積起來的壓力。諷刺的是，我們所以壓抑情緒的一個主要理由，就在於我們看過一些怒氣或怨恨爆發成暴力的情形。這彷彿證明了情緒是危險而不可信任的。但事實上，危險的不是當情緒自然的由衝動升出時予以表達，却是它的壓抑。情緒自然自發的表達從不會是一種暴力行爲。

賽斯在攻擊性和暴力之間作出分別。攻擊性本質上是具創造性的；它是被導向一個目標的能量，而常被用來作爲防止暴力的一種溝通。他用動物露出牙齒或咆哮以表達對其他動物之敵意爲例。這是一種儀式化的溝通行爲，是用來防止而非發動暴力的。暴力則恰恰相反，它是向被壓抑情緒之壓倒性力量投降的舉動，並且是破壞性的。那麼，當我們在一種攻擊性的情況裡時，我們對我們的能量和力量有所控制，而在一個暴力情況裡則否。能量失了控而消散了。

我們需要對創造性和攻擊性之間的關聯有更充分的了解。我們常以爲創造性是「從天而降」的什麼東西——好像是什麼對我們發生的事而非什麼我們令其發生的事。但創造性是我們拿「從天而降」的東西怎麼辦——我們拿我們的衝動怎麼辦。創造性是攻擊性之結果，是把我們的能量導向一個目標之結果——一個透過我們的衝動「從天而降」的目標，不論這目標是捧腹大笑，是不去理睬某人，是寫首小詩，或以其他什麼方式來傳達我們的衝動——使它在物質實相裡顯現出來。那麼，一個創造性的行爲就是一個傳達我們衝動的行爲，而攻擊性只是這行爲的實踐，是利用力量去創造。在另一方面，暴力卻是利用力量去破壞。

很不幸的，我們常會把力量與暴力和破壞聯想在一起。我們沒悟到我們經常在創造性地利用我們的能量／力量，而在少數場合，當力量走上歧途時，那是例外而非常規。當然當這發生時是很嚇人的，因爲我們感覺如此的無助，如此的失控。看起來彷彿力量佔了上風，而我們無能爲力。但解決之道不是對力量避而不見、忽略它、壓抑它，卻是讓它流動。只有當它累積起來時才有害，而非在它出現時就善加利用。

壓抑我們的情緒的另一個效應，就是令我們與我們有意識的信念脫了節。我們的情緒自我們的信念生起，而當我們表達它的時候，就讓我們看到我們對某事的想法；當它們被壓抑時，我們就被剝奪了得到很珍貴的回饋的機會。如果我們不覺知我們的信念爲何，我們就無法希望能有意識的擔當「實相創造」這碼子事。而如果我們壓抑了象徵我們信念的那些情緒的話，我們就無從覺察我們的信念。

那麼，情緒就像其他的衝動一樣，也是訊息；意思是要告訴我們某件事。除非我們表達它們，我們無從得知那訊息是什麼。我們必須信賴在情緒裡是有一個訊息的這個事實——它們並不只是武斷的、無意義的感受，卻是一個代表我們具有的信念的象徵。任何情緒，感受而面對了，便自動地透露出其訊息。你會了解你爲何那樣感受。你將會看見在那情緒之後的信念，那會解釋了你的反應。而一旦你了解這一點，那情緒便會轉變成別的東西。因爲情緒永遠在變動。

然而，這並不表示，如果你對人生了氣，你必然應該對他們吼叫，或以其他方式在他們面前表達你的怒氣。這並不見得總是件聰明的事。但你能夠認出你是在生氣，而如果可能的話，自已躲起來搥一個枕頭，或以某個其他的法子具體地表達憤怒。那憤怒的感受會很快地平息，而那訊息會自行現身。毫無疑問的它會與你害怕的某事有關。因爲驅動所有的——再說一次，所有的——所謂負面行爲的就是恐懼。而恐懼就是不信賴你自已的結果。

舉例來說，假設你因一位朋友不守諾言而生氣。你幫助他完成一樣任務，而他答應以幫助你爲交換，但在那工作必須完成的那一天却沒出現。這眞令你氣瘋了。你栩栩如生地幻想你把他打成肉醬，覺得很有意思。你能感覺自已在揍他而且享受著洩憤的滋味。過了一會兒那幻想消褪了，你覺得平靜、放鬆而且調和，因爲當你順著你的感受走時，你統一了心和身。在這狀態下，你悟到，你生氣是因爲你本來害怕你一個人沒能力做那件事；你一直逃避不敢去做，因爲你不認爲你自已能夠做。你悟到你朋友的沒能實現他的諾言事實上對你而言是「塞翁失馬」，因爲現在你有機會去學做某件新的事，因而增加了你的勝任感及自我價值。每一次你讓你的「負面」情緒自然發展，你就會發現在它們後面有一個完全可被了解的信念——一個你原來可能沒有覺察到的信念。

憎恨是許多人害怕或感覺有罪的一種情緒，因爲它太常是針對一個親密的人。這的確很嚇人，有那樣的感覺似乎是很「壞」的。它一定是表示我們並不眞的愛那人。我們多虛僞啊！但老天啊，我們多恨那個人令我們有這種感覺！於是這些念頭就在我們腦子裡打轉。然而，如賽斯所說，恨是近乎愛的，因爲兩者都是建立在自我認同上的。在愛與恨這兩種情形裡，我們都是與我們愛或恨的對象認同的，不論它是個人或理想。當我們恨的時候，那是因爲我們感覺很痛苦地和愛分離了。（那是說，我們的恐懼——我們的信念——是我們是很痛苦地與它分離的。）賽斯舉了個小孩對父母說「我恨你」的例子。在這訊息之後的訊息是「我這麼愛你，你爲什麼對我這麼壞？」（《個人實相的本質》，六一七頁）。如果父母能了解這點，他們就不會試圖去壓抑或處罰一個小孩，不許他說這樣的話，因爲，表達了之後，恨會轉回到愛裡來。但任它潰爛的話，它可能爆發成暴力。

情緒是我們所擁有的最濃縮的能量形式——一種創造力與學習的極有力的來源。跟隨它們會導致對我們自己的很有價值的洞見。我們必須信任我們的情緒並且信任我們自己。我們必須對我們自己及我們的人生說「好的」而接受我們自己的獨特性。我們必須肯定我們自己。如賽斯說的：

你對自己的肯定是你最偉大的力量之一。你有時候可以相當正當地否定經驗的某些部份，而仍確認你自己的活力。你不必對你深感不安的人、問題或事件說「好的」。肯定不是指對任何降到你身上的事有一個淡而無味的軟弱的接受，而不管你對它的感受如何……情緒……是情感的自然而不斷變化的狀態，而每一個都導入另一個……去拒絕它們是無用的……情緒就只是情緒……你無法肯定一種情緒卻否認另一種而不建立起障礙的。你試圖把你認爲的負面情感藏在你心的密室裡，就好像在過去，他們把發瘋的親人關在密室裡一樣。所有這些都是因爲你不相信你在肉身裡的個人性的一些面。肯定是指接受你的靈魂如它在你的動物性裡的樣子……你不能否定你的動物性而沒否定你的靈魂……那麼，肯定就是默認你——作爲一個在肉體內的心靈——去形成動物性的物質實相的能力。〔《個人實相的本質》，六〇六、六〇八、六〇九、六四一頁〕

這個練習並不複雜：只是肯定你自己。常常這樣做。肯定你的情緒，肯定你生活中的事件，照照鏡子而肯定你自己。任何時候你若發現自己感覺焦慮或迷惑，對你自己說：「這是我的人生，是我形成它的。」明白你的情緒是你形成那個人生的工具，它們是一個你藉以了解自己的有用而寶貴的方法。歡迎它們，肯定它們和肯定你自己。

18 一張成功清單

我絕對無意於只強調那些負面性的想法，因此我建議你，注意在你生命中你覺得滿意和做得很好的地方。看清楚你個人如何在情緒上和想像上加強那些個信念，而把它們帶到實際的實現——了悟那些結果是多麼的自然又自動地出現。抓住那種有所成就的感覺，並且了解你在別的地方也可用這同樣的方法。〔《個人實相的本質》，一四三頁〕

我們這麼忙著看我們生活中的短處和欠缺，以致於沒注意到我們的力量和成就。例如，我們把我們有一個強壯健康的身體這件「事實」視爲理所當然，同時却因我們的工作沒得到足夠的報酬這「事實」而悲傷。偶爾，我們會被一個沒有我們所有的東西的人來提醒我們擁有什麼，而有那麼片刻會從一個不同的角度來看我們自己。但很快的我們就回到我們集中注意力於失敗的習慣上。

但正如賽斯一再指出的，這種集中注意於負面只會加強我們相信自己是不完全的信念，因而使那事實永存不朽。這適用於對過去也適用於對現在的想法。因爲當我們經常把自己視爲在各方面曾經有而且仍舊有毛病的話，我們就對未來設下了預期。我們集中注意在什麼上就得到什麼。

然而，並不是說我們該略過我們不滿意自己的那些面，因爲我們需要探索我們在那些區域的信念和感受，因而能知道我們想做什麼改變。如果我們希望做有意識的「實相創造者」，對我們心智內容的一個小心的檢查是絕對必要的。但留連在我們信以爲是我們過去與現在的失敗上就是令其永垂不朽。我們需要記住我們的力量，並且提醒自己我們所有的成功之處。

在這個練習裡，你將要清點你在生活裡的許多成功，並且看看你是如何達成它們的。你隨後才能在未來更有意識地用這些技巧。

在你的日誌裡，把在你生活中你覺得很正面性或至少中立性——而非負面性——的每樣事做個清單。技巧、成就、人際關係、個性、外表、健康、環境、金錢和財產。盡你所能的巨細靡遺。別忘了像會打字或會開車這類事，因爲我們的主要成就永遠是在一段時光裡一連串的點滴成就之結果。你實相的每一面之所以在那兒，都是因爲你創造了它，所以在看看它時要把這點記在心裡。你有很和善的鄰居嗎？那就爲你爲自己創造了那個實相拍拍自己的背。孩子們親近你嗎？把它也寫下來。由你的窗口你可看見一幅美景嗎？把它加在你的清單裡。也想想在一段時間裡你改進的地方，即使你在那方面對自己還沒完全滿意，像是：「我沒以前那麼害羞了」，或「現在我燒菜一週只燒焦一次」。

我想，就像我在做這練習時一樣，你也會驚訝你能想出那麼長的一張單子，一個你在爲自己創造這個實相時，你做成功的那些大半「隱形的」、被你視爲當然的事情之清單。只要想一想——卻不要留連其上——如果你沒創造這許多東西，你的人生會是什麼樣子。再想想現在因它們之故，你的人生又眞是什麼樣子。對你所完成的事要有一種欣賞之情。

現在再回頭看一遍你的清單，選出那些你特別得意的項目，或那些看來對你的生活品質最基本、最重要的項目。對每一項，寫下你所能想到的在你爲自己創造出那實相的過程裡，所摻進去的所有信念。然後想想你的想像如何加強了這信念。回想一下你腦海中的畫面，導致你去創造那實相的幻想。也想想在這方面順著你的信念而生並且支持你的信念的那些情緒。你能否看出，你的信念、想像力和情緒是如何的全都一起合作來創造那實相？

當你以這方式檢查了所有的項目之後，看看你是否能爲自己想出一些指導原則，以便爲未來之創造所用。你能在所有的情況裡看出一些你能應用在未來情況的模式嗎？或者你也許覺得你「只是運氣好」而達成了你的成就。倘若那樣的話，就承認並且肯定你對運氣的強烈信念。

經常定期的參考這個清單，以提醒你自己你成就了什麼。爲這些成功愛你自己、欣賞你自己。

19 一個視覺性的自傳

以某種方式而言你可謂只由頂端體驗你自己，因此爲了要利用其他知覺層面的情報，你必須學著去體驗那些你通常不熟悉的其他組織性的系統……首先，這些其他的組織根本主要就不是與時間打交道，卻是與情緒及聯想過程打交道的……例如，關於你自己下個生日的思緒，可能即刻帶你想到過去的生日，或一連串你自己二十歲生日、三歲生日、七歲生日的畫面可能重現腦海，以一個你自己獨特的順序出現。那順序將由情感上的聯想來決定……你只記得重要的事件或細節。你的情緒啓動你的記憶，並且也組織你的聯想。你的情緒是由你的信念所發動的。它們彼此依附，以致某些信念和情緒似乎是二而一的……。〔《心靈的本質》，〇八四～〇八六頁〕

由「架構二」——透過愛、衝動、靈感等等——直接來到我們這兒的情報，是與我們在「架構一」的實相裡透過肉體感官接收到的情報不同地組織起來的。我們看物質事件像是在時間裡發生，一個接著一個，因而，當我們詳述我們的經驗時，我們自動地以時間順序來組織它們。我們是如此受時間觀念的約束，以致很難抓住其他種類的組織。那就是爲什麼我們的夢可能看起來如此令人迷惑，或爲什麼我們無法了解一個衝動背後的理由。因爲由「架構二」來的情報是透過聯想來組織的，所以事件不會按照時間的次序，卻是照它們在情緒上的聯想來安排的。

因此，就如我們在賽斯的例子裡所見，你未來的生日可能提醒了你，你十二歲的生日，然後你七歲的生日等等，那是一個對「邏輯性的」、時間取向的心智無意義的次序，卻對「內我」完全合理的次序，「內我」正試想告訴「我們」（我們的自我）某件事——而一如常例，去了解那件事並對它採取行動是對我們有益的。

那麼，爲此之故——即內我正試著告訴我們會增長我們的發展的某事這個事實——我們需要學著去轉譯這些訊息，既然我們有越多工具去了解我們心智運作的方式就越好。實際上，我們已經熟悉我們的聯想性過程，不僅是透過我們的夢，也透過我們的白日夢，當我們的「邏輯監聽器」不在作用時，我們只讓聯想去流。我們一直在這樣做，而就如我們的夢那樣，這過程對我們的決定和行動加進去寶貴的資訊，但通常都不是在一個有意識的層面。要變成更有意識的「實相創造者」，我們必須對這熟悉的聯想過程付出更多的注意力，而學會去詮釋所做出的情緒上的聯繫。這個功課將讓你練習去那樣做。

在你的日誌裡，按照時間的順序列下你一生中所有的重要事件，這些事必須是對你而言很重要的，即使它們對別人沒什麼重要性。如果你的一些生日是有意義的，指出它們來。如果有些是不重要的，就只包括那些重要的。現在，如果你有資料卡，就用它們；如果沒有，就自製一些3吋乘5吋的空白紙片。在每一張紙上寫一個字或畫一個符號，以帶到腦海裡那個特定事件──一顆心、一個生日蛋糕、一個關鍵字眼等等。如果你有老照片描寫了這些事件中的一些，就用它取代卡片或白紙。

現在在一個平面上，從左到右，像卡通畫面那樣，按時間順序排列這些卡片。你現在有了一個你一生的視覺性自傳，就以通常自傳所遵循的次序。現在運轉這些卡片的次序，因而在左上角排第一的事件變成在右下角了。你現在有了一個你一生的倒反過來的景象。這可能會給你你未曾有過的洞見。如果眞是如此，在你的日誌裡把它們記下來。

現在選出在你心中激起最強烈情緒的事件。這件事也許在當時並非特別情緒性的，但無論如何，選擇你現在覺得感觸最深的事。拿起這張卡，把別的卡推到旁邊形成一個大略的圓圈，而把這張卡放在中心。好好地看這張卡，栩栩如生地想像這事在過去發生時的情景。想像它越長越大，強度越增。

讓這景象從圓圈裡吸引其他的景象。讓這些情景與中央的情景相連而吸引其他的。感覺它們的聯繫，它們彼此之間的情感上的聯繫。繼續做下去——排列再重排列這畫面，直到你在所有的部份之間感受到一種統一性。

現在在你的日誌裡寫下這個經驗，就像你在詮釋一個夢一樣。特別留意所有事件的情感性內涵以及它們彼此的相互聯繫。試著感知在情緒之後的信念，引發那些情緒的信念。它們之間有何共通性？看看你能否把你所做的排列背後的訊息帶入你有意識的覺察裡(如果你尚未做到的話)。但假使它沒以語言形式出現，就不要勉強去訴諸語言。語文對了解並非不可或缺的。

不時做做這練習，每次造出一個新的時間順序的單子，因爲突出在你心裡的事件會隨時間而改變。

20 把愛送給「先前的」自己

賽斯說即使是在這一生中，我們每個人也有各種不同的「自我」；我們只接受一個自我的概念，當它是一種速記式的象徵。在此生中任何一刻的自我只是我們「浮現出表面」的那部份；內我用來解決各種不同問題的一組特性。即使我們所謂的自我也經常在變。例如，現在的珍·羅伯茲與十年前的珍·羅伯茲不同，雖然「我」並沒意識到我身份的任何特別的改變。〔《靈界的訊息》，二七二頁〕

就某方面而言，你的一生就是一連串的輪迴轉世。現在的你不是當你六歲或十二歲或二十歲時的自己，甚至不是一年前的你。你帶著一種懷舊與同情的感覺看過去的你，心想：「如果我那時就知道我現在明白的事就好了！」你悟到由於你所經歷的學習經驗——由於那些先前的自己經歷的學習經驗——你已與那時的你是完全不同的人了。這些個自己是你的一部份——在你內，那兒童仍在那兒，還有那少年，以及那奮鬥中的青年

——但他們卻不是「你」。你「包含了」他們，你卻又不僅是那些部份之總和。你是獨特的你。

一般轉世學說的核心就是「業報」的觀念——即你現在的自己要對過去自己的行爲負責，而必須爲他們的錯誤贖罪——而這個觀念，也能適用於單一的一生。你了解你在過去這些年來發展出一些行爲模式，其中一些對你仍然有用，而其他的則只導致痛苦和疏離。你明白在此時此地，你的任務之一就是長大到能擺脫掉那些你先前設定的限制性的模式。因此就那方面來說，你由你先前的自己繼承了一筆因果的債，而你必須予以償還。只在這一生裡，你就能看出你爲自己設下了什麼要學習的東西，更別提那些前生了。

但當然，賽斯對轉世和業報所說的也一樣適用於這個情形。既然時間並不存在，所有轉世的人生及所有這些前生中的自己，都是同時存在於現在的。這是指一個「來生」能影響到一個「前生」，反之亦然，因此一般所言的業報並不適用。然而要點是在，我們的各個不同的自己的確會彼此影響。既然它們全存在於「現在」，在它們之間就有經常不斷的相互作用。如果一個自己，不論是「未來的」或「過去的」，做了什麼傷人的事，所有其他的自己都會受到影響。而如果一個人做了什麼好事，同樣的規則也適用。

你在刷新記憶的練習裡看到，一個愉快的記憶現在眞的會引起你身體內的變化，把在「過去」的那一刻所體驗到的那股旺盛能量帶到「現在」來。這是一個自己能影響另一個自己的直接證據。不論你對它有沒有意識到，它都一直在發生著。而且它兩方面都有作用。如果你能藉由對一個過去自己的正面性能量調準，而獲得更新與補充，你也可以更新與補充那個過去的自己藉由從現在送給它正面的能量。在如此做時，你就會自動更新並且補充了你自己，因爲以某種說法你就是那個過去的自己。

在這個練習裡，你將送力量和愛給那些「現在」似乎需要它們的「先前的」自己。爲此，你可以用在上一個練習裡你所用的那一連串事件作爲開始；或你可做出你這一生裡的重要事件的一個新單子。無論如何，檢討一下這些事件，而當你在做時，清楚地想像那時經歷每個事件的你。在那一刻的時間裡，你的感受如何：那是否是你一生裡的一段精神旺盛和喜悅的時光？或一段恐懼和猶豫不決的時光，而一些愛心鼓勵會給你很大幫助？

現在，爲你碰上的那些需要幫助的自己，完成以下的過程：想像他們站在你面前，深深注視這些每一個自己的雙眼，而傳達給他們愛與鼓勵。用你的雙臂摟著他們，緊緊抱著他們。抱著他們搖，告訴他們，他們於你是多麼親近，你由他們那兒又學到了多少。讓他們明白他們對你有多重要，而他們又有多大的成就。告訴他們，他們的困難很快就會過去，而每件事都會解決——而你就是每樣事都已解決的明證。告訴他們你在送能量給他們，他們將會感覺到那能量湧過他們的。告訴他們，任何時候他們需要你，他們只需要要求，你就會在那兒。給他們每個人一個緊緊的擁抱後說再見。

就與刷新記憶的練習一樣，你會發現做這練習會令你感覺充了電、恢復了精神。因為藉由給予別的自己，你正在給予你自己。

21 信念功課：之四

實體的生活之可貴，有許多理由，其一是，肉體是如此敏銳地對思想反應，而卻又如此富有彈性。有一些天生固有的指導方針，因此身體意識的本身一方面雖有時候反映你的負面形象，卻也自動地奮力反抗它們。

你們必須記住，你們永遠住在一個自然的環境裡——那也就是指，你們的思想本身就如，好比說，你們的頭髮一樣的自然。做一個你們會覺得古怪的比喩，我把你們的思想比爲「濾過性病毒」，因爲它們是活的、永遠在場的、會反應的，而擁有它們自己那種的活動性。至少就實質而言，思想是被化學性地推動的，而它們旅遊過宇宙的身體，就如病毒旅遊過你們現世的形體。思想與身體相互作用，而變成其一部份，就如病毒一樣。〔《個人實相的本質》，二〇九頁〕

爲這第四個「信念功課」，在你的日誌裡寫下你對「身體」的所有想法。不是關於你自己的身體，卻是對一般的身體而言。多年來你對「身體」揀到了一些什麼概念？想想你看過的有關身體的雕刻和繪畫。你對它們的反應是什麼？你對一般的身體的感受是什麼？你在這些感受背後的信念又是什麼？

現在，你對健康的信念是什麼？再次的，我是指一般而言。你對不健康的人看法如何？在這些看法的背後是什麼？食物如何影響健康？你對藥品和醫生有何看法？

現在寫下你心底對你自己身體的感受。你對你的身體感覺如何——其外表、其功能之好壞、其優點及弱點？你對自己的健康作何感想？在這些感受背後的信念是什麼？

比較一下你對「身體」和「你的」身體的信念。它們有無不同？你是否覺得，一般而言身體是奇蹟似的，但當自然製作你的身體時，它卻不知怎的出了紕漏？如果眞是這樣，你在這兒就有一個在理性假設和情感假設之間的差異的例子。理性假設是建立在你認爲你應該相信什麼——公認看法；情感假設則是你眞正的信念之指標——常是相當不同的。現在比較你對健康的一般信念以及對你的健康的信念。你是否相信每個人的「自然的良好健康」，只除了你自己以外？你是否發現你自己苛責不健康的人，但當你病了時卻對你自己非常同情？或是正好相反？這些個矛盾對你對健康的眞正信念又說了什麼？你能做什麼來改變那些對你有不利影響的信念？

22 練習去想像

心靈不但沒有一種性別上的身份認同，它而且是較大的心靈與心理潛力的倉庫，性別的所有各種等級層次都由其中露出。它不是無性的，卻是被認爲是男性和女性的那些最豐富的成份之組合。

人類個性因此在性與心理上被賦予一種不受嚴格的性別取向所限的自由。藉由不把它任何精神或心理的能力分隔開成爲兩個相反的集團，這對人類的存活有所貢獻。除了生殖的實質過程外，這族類可自由地以它選擇的不論什麼方式安排它的心理特性。〔《心靈的本質》，二九三頁〕

在我們的性別信念與取向裡，我們到底被「設定」到什麼程度？對這問題得到一些洞見的辦法，就是做做賽斯在《心靈的本質》裡建議的一個練習。

想到一個最近的事件，在其間你覺察到性別的傳統規定，你看見男人和女人在扮演不同的角色。回憶一下你的行爲和異性成員的行爲。現在，遊戲性地想像你自己在一個相似的情況，在其中性別被反轉了，而你變成了那異性。眞的進入那角色去作那個人。你在想什麼？你在感受什麼？把你設想的一幕幕情況寫在你的日誌裡。

事後，檢查一下你對扮演那個角色的感受。那些感受對你的信念透露出什麼？如果你是爲人父母者，那如果你是異性的話，你對你孩子的態度和行爲又會怎麼改變？

23 多重人格和潛能

……「你」只覺察到你自己的一個小部份，而你保護這部份當作是你的身份……你現有的身體是一個可能的身體。它是可以被你在肉身裡的特定世俗人格所採取的一個「發展」方向之結果。不過，所有其他可能的發展方向也發生了……每一個同時地影響每個其他的……因爲你是一個可能的自己……你能由你自己的可能能力的庫藏裡汲取……那是在另一個實相裡被發展的……就時間而言，你有許多身體，因爲你一而再地出生在地球經驗裡。你的意識跨在那些存在之上，而甚至你現在的身體內的原子和分子也包含了那些其他（眞的是同時性的）形體的密碼式知識……那麼，就生理與心理兩方面而言，你都覺察到你的多重人格。〔《「未知的」實相》〕

「全我」是一個能量的完形(gestalt)。在「時間的任何一點」裡，有一些那能量以物質形式顯現，而有些則未顯現。那未顯現的部份就是我們所謂的「內我」或內在自我、靈性的自己或靈魂。

這個實存，渴望透過它的創造來了解它自己，乃持續地把它的能量導入具體的顯現。它能量的每個悸動，渴望的每個低吟，誕生出無數的生命，而把它們沿著一個時間順序散布在物質實相裡。這些個生命被稱為「轉世的自己」。每一個都是內我在肉體裡的一個獨特版本，每個有它自己的人格及它自己的成長能力，卻又透過一個單一的創造者及單一的「念」——一個單一的欲望之悸動——而與所有其他的聯合在一起。

當它成長與發展時，這些自己每一個都繼續在各種不同的行動路線——可能的行動——中做選擇。不論何時當一個自己選擇去追隨某個途徑，那個自己的其他版本便由它岔開，去在一個不同的實相系統——一個可能系統——裡追隨那些沒被採用的路徑。賽斯很合乎邏輯的稱這些存有為可能的自己。可能的自己就與轉世的自己一樣「眞實」，擁有它們自己獨特的觀點與癖好，而透過內我與其他的聯合在一起。

這就是「多重人格」的意思。雖然我們每個人在時空中維持我們自己的身份，我們每個人同時又是一個更大整體的一部份，那個更大的整體不但包含了內我，也包含了內我所顯現出的無數個其他的自己。那麼，以某種說法，我們全分享同一個「心」。賽斯把這情況與「人格分裂」的例子相比，在其中一個身體被幾個分明不同的人格所佔據，每個對所有其他的渾然不覺，每個都認爲它是唯一眞正的人格，內在實相唯一眞正的物質性代表。

然而，我們只是那全我的一小部份——我們認同爲「我」的部份，一個廣大的人格完形裡的一個人格，全都自同一個源頭升起，全都與同一個內我熟悉。

然而，這個觀念不應給你一種自卑情結，反倒應是鼓勵了你，因爲它是指，透過我們與內我的共同聯繫，我們全都能搆到所有我們「同胞」人格的概念、能力和經驗。我們應該能找到並向那些其他的存有學習。

而當然，在一個無意識層面這是一直在發生的。內我繼續不斷地餵給我們資訊——絕大部份是關於那些其他自己的學習和成就——我們可爲我們自己的成長而加以利用。任何時候我們若對某種技藝或成就有種模糊的渴望，就表示我們其他的自己之中，有一個或更多個正在另一個實相裡發展那技藝。內我盡其所能地幫助我們利用所有這些「潛能」，但當然我們有自由選擇不去做。當我們相信局限性的「我自己」，我們就無法充分利用這些機會，因爲我們只看見我們的限制。如果我們要變成更有意識的「實相創造者」，我們必須了悟這個自己是沒有限制的，我們有一個無限的知識與經驗的庫存可供汲取。

我們所需做的，只是請求內我，讓我們可以搆到它。但首先我們必須相信事情的確是這樣的。一旦我們相信了，那就只剩下一件事：決定我們想要發展哪種能力。

這個練習的目的是讓你與你的潛能接觸，而讓你開始著手實現它們中的一些。你是否發現自己在抗拒你的能力沒有限制這個概念？爲了做這練習，試著暫時停止你對限制的信念，而遊戲性地假裝你能做任何你想做的事。一旦你看見你能以這種方式達成你的目標，你對限制的信念便自動離你而去了。

第一部份

在你的日誌裡，把你兒時的所有嗜好及你現有的所有次要的能力列個清單——你曾經喜歡做或很拿手，却從未多花功夫去做的事；所有那些你說只要有時間你有一天也許會去做的事。你覺得被別人的哪些成就所吸引？你特別欣賞別人的哪些人格特色（例如，合乎常情或記憶力強）？你夢想些什麼？列下所有這些事。

你列下的每一項都代表了你可以發展的一個潛能。檢查一遍，看看在這些項目之間有無共通的因素。你能否找到一系列的「次技藝」，它們合起來可以成爲一個綜合性的技藝？還有什麼其他顯而可見的模式或分組嗎？

第二部份

現在先選一個小項目去努力，一個你能在短期內發展得不錯的東西。如果你的渴望之一是寫本很偉大的小說，暫且把它放在後備地位，而選擇野心較小的事吧。例如，也許你想發展較好的幽默感。

那麼就每天做一點朝向發展那種技巧的事。就幽默感這例子而言，你也許可以在每天的一個特定時候暫停一下，思考在那一刻你正處於的情況之幽默性。試著把你所做的事保持得盡可能的單純，每天不需要超過五分鐘去做完它。告訴你自己，你每天要遊戲性地做這事，而且至少在兩週之內不期望有結果。不要去想有沒結果。只是了解、明白你正在發展你的潛能之一，而過了一段時間之後那能力就會顯現出來。

在兩週之後，評估一下你的進展。決定你是否想繼續你目前的計劃，改變它或以同樣方式在另一項能力上用功。

24 預言未來

繼續去依賴已知的情報管道，實行這些並且也開始探索那些也是現成可得却未被認出的管道。例如，現在你有什麼你自己還不知的情報？試試看預言未來的事件。在一開始，不必管你的預言是否爲「眞」。你將會把你的意識伸展到平時沒用到的區域。不要放任何賭注在你的預言上，因爲如果你那樣做，如果它們沒實現，你會非常失望——如果你繼續下去，你的確會發現你覺察到一些未來事件，當這種知識以通常方式而言是得不到的……會有些聯想方式被你追隨成功，而導向了「正確的」預感。你也將發現在這種程序裡非常涉及了情感的因素。你會感知那些爲了某種理由而對你很重要的情報。那重要性會像塊磁鐵一樣把那些資料吸過來給你。〔《心靈的本質》，〇九一～〇九二頁〕

在我們這時空實相裡，我們點點滴滴、一個接一個的感知經驗。賽斯把我們比喻爲穿過一座森林的旅行者，沿路都碰到樹木。我們已走過的那些樹是「過去」，我們看見在我們四周的是「現在」，而在前方我們還看不到的是「未來」。但所有的樹木是同時存在的——正如對一個坐在一架飛越那森林的飛機裡的人會是很明顯的。

過去、現在和未來同時存在。如果不是如此，那麼又怎麼可能預測未來的事件？但未來事件確曾被一而再地預言過。科學家因缺乏一種可以解釋這種現象的理論，而把它們歸諸巧合，但發生過太多次「巧合」，使得它不能成爲一個可信的解釋了。對未來事件調準頻率眞的是可能的。

但未來並非注定的。它就與現在——及過去——一樣的繼續在變。我們從我們現在的「威力之點」做的任何選擇都「會」改變未來的選擇。

舉例來說，你在去參加一個宴會或留在家之間有個選擇的機會。在這一瞬間，你的未來包含了兩套事件——除了其他的之外——其一是與留在家裡有關，而另一個是與去參加宴會有關。讓我們假設你留在家裡了。在這一刻未來改變了——與宴會有關的那一套事件不再是你現成可得的了。它們就像是在森林裡另一條路徑邊的一叢樹木，那是你再也看不見的了。

即使你在某一刻改變了主意而最後決定還是去赴宴，事件已不會與原先所存在的一樣了。你必須離開你的林間小徑，橫過森林切入另一條小徑，沿路看見那本來不會看到的樹木。因此未來是永遠在變的。你能知道其可能性，但却無法確知那件事會發生。甚至非常有才華的通靈者在預測未來事件時也無法預期有百分之百的準確度。不過，我們仍然能不斷地透過我們的預期預料事件——如賽斯所說：「吸引經驗」——不論我們知道與否。如果我們對我們怎麼做到這一點變得有所覺察的話，那麼到某個程度我們對我們所做的決定就能有意識的控制了，或者至少會了解我們感知那些事件對我們而言是「重要」的——我們能預見那些事件。

在《如何發展你的ESP力量》裡，珍・羅伯茲談到她自己對預言未來的實驗。在六個月的時間裡，她做了七百四十一個預言，其中有三百二十一個顯示出重要的結果——重要是因爲預言之實現除了預知外彷彿沒有任何合理的解釋。她所預言的事件大半都是相當平凡的事，但却非那些每日要做的事。例如，有天她的預言包括：「被告知一個祕密」、「說話刻薄」及「一個嘲弄」。同一天她年老鄰居的管家來訪，她告訴珍，因爲那老婦「說話非常刻薄」，而且不斷地「嘲弄她」，她決定要辭職了。那管家接著告訴珍關於那鄰居的一個「祕密」。

後來，當珍開始開ESP班時，他們做了同樣的預言實驗。如蘇・華京斯重述的：

在一九六九年七月七日，星期一，我在我的筆記本上對第二天——七月八日——寫了以下的預測：

1.白內障。

2.一位老友會打電話給你——你很久沒見他了。

3.蠑螈。

按照我的筆記，第二天順序發生了以下的事：

1.我收到了瑪莎葡萄園的週刊，在裡面讀到，一位以前曾幫我爲我們村子寫社交新聞的女士動了白內障手術。

2.晚上六點達命·史提芬從加州打電話來，一年多沒消息了。

3.晚上我開車到當地的一處購物中心，在那兒的一家寵物店看到蛇和變色蜥蜴。我喜歡爬蟲類，但像許多人一樣，我在這些類別裡分不清其「目」。蠑螈是兩棲類，變色蜥蜴是爬蟲類。〔《與賽斯對話》〕

這些例子證明我們能夠預測未來事件，而且不必花多少力氣。所需做的只是把來到腦海裡的不論什麼片語支詞趕快記下來，而後再核對一下，看看這些簡短記錄是否與後來發生的事相關。珍說有時候要等上三天她的預言才成眞，其他時候，當它們沒發生時，她有時會發現它們幾乎發生了——例如，當她預言那天會有人來訪時，有個人曾想來看她却改變了主意，而後來告訴了她這事。那麼，有時候，失誤最後變成是「命中」——或至少「幾近命中」。

計劃在幾個月的時期裡每天做這練習。如果你只做一回，或時做時停，你不會從中學到很多。但如果你定期做去，你應能在你的知覺裡感知到一些模式。你會很能在一些事件中找到其聯繫，而在別的事件中却不行。同時，你也會看出你預測正確的事件對你而言，有某種情感上的重要性。

那麼，每天做三到五個快速的預言。在這兒別試着作事先的猜測，只管把來到腦海的不論什麼寫下來，不管它有沒有道理。把日期也寫下來。然後——輕鬆地，不把結果看得很嚴重的——回頭查核看看有沒有任何預言實現了。只把它看作是每天花上不超過五分鐘去做的一件好玩的事。

當你發現你有個「命中」時，一定要把它記下來。過了一段時間，當你開始信任你的衝動而寫下「有意義的」話時，你的命中率可能會升高。看看你是否能看出一個模式。

你預言成功的是否爲同類的事件？你能成功地預言它們這個事實就指出它們對你特別重要——在你做預言時，你顯示出你是有意識地覺察你希望這些事件發生的願望。你爲何把它們吸向你？它們爲何被你吸引？它們爲何對你重要？這涉及了什麼信念？

當你繼續寫下並核對你的預言時，你很可能會覺察到你有時在自動地做這種預言。你可能會記起曾「有種感覺」某件事會發生，而它的確就發生了。問問自己：你爲何有那種感覺？在其後的信念是什麼？藉著對你吸引可能事件到你的經驗範圍裡來的這過程有所覺察，你會對你爲何創造你那種實相以及你如何能在那過程裡扮演一個更有意識的角色，獲得更大的了解。

25 由過去來的線索

你目前的信念將現在在你面前「遊過」的記憶組織起來——而後你所記得的將似乎使那些信念變得合理了。

當你試想改變你的信念時，心裡要懷著這個新觀念去看進你的過去。如果你患了病，記住當你沒病的時候。〔《個人實相的本質》，四六一頁〕

在創造我們的實相的時候，「過去」是一個我們可汲取的豐富的寶庫。事實是，我們一直在這樣做，自動地在現在以我們對過去事件的記憶做基礎來做決定。好比說，我們也許決定不去應徵某個工作，因爲我們過去在一個相似的工作上表現不佳，或因過去我們在這樣一個工作上沒被錄用，因爲人家不認爲我們合格。我們現在決定要做什麼，是被我們記得在過去發生過的事所影響的。

但，如我們已知的，時間在事件源起的「架構二」裡並不存在。過去、現在與未來發生在當下，而經常不斷地彼此影響。因此，你也很可以說，我們現在決定要做什麼影響了過去所發生的事。無論如何，如果我們利用過去來影響我們的現在與未來——我們的確能那樣做——那麼去選擇有益的回憶而非有害的來作我們的影響，看來似乎要聰明多了。因爲過去也包含了勝利就像包含了失敗一樣，包含了喜悅就像包含了悲傷一樣。如果我們花點功夫，我們永遠能想出「好的」回憶，就與想出「壞的」回憶一樣。

如我們在刷新記憶的練習裡所見，當我們覺得消沉而需要補充我們的能量時，我們能依賴過去的「亢奮」。相倣的，我們能由過去找到「線索」以了解我們的現在而計劃未來。那就是這個練習要做的事。第一部份是要找出你目前情況的線索，而第二部份則是用這些線索去作未來的指標。

第一部份

轉回到你在日誌裡所寫的關於「成功清單」的練習，選擇出三或四項你想再繼續改進的成就。也許你在做某件事上已獲得某些技術，而還想增進那技術。或也許你積蓄了某個數目的錢，而想再多存一些。

現在，在你的日誌裡寫下第一個目前的成功，而後回溯那個成就在過去的發展過程。

你記憶中在那個範圍裡你第一次有些成就是什麼時候？一向以來又發生過什麼加強了那最先的成就之事件？你是否只是「碰巧」遇見某些肯幫你忙的人？你是否只「碰巧」拿起一本書或報紙，讀到一些事，它給了你信念助你朝對的方向前進？盡你所能的想起，所有使你在那個範圍達到你目前的發展階段的影響——你獲得的信念及你採取的行動。

在你所選擇的每個其他的成就上，也同樣這樣做。

第二部份

現在且寫下關於未來的事就好像它是在現在一樣。假裝你是個未來的你，在你日誌裡寫下導致你目前的成功的影響。在日誌上寫下距今五年的日期，再以那個日期去開始記載。再估算一下，在這練習的第一部份裡，你集中注意力於其上的那些範圍裡，你目前的突出成就是由哪些影響而來。你看到在過去是什麼影響了你的發展；現在用這些「線索」把那發展投射到未來去。在這每一個範圍裡，你會「碰巧」採取哪些新步驟而導致甚至更大的成功呢？遊戲性地做這個，想怎麼誇張就怎麼誇張，但在同時一定要把你眞的相信可能會發生的那些影響和行爲包括進去。

不時看看這個「戶頭」，看你在爲自己創造那個實相上做得如何了。

26 沒有走的路

如果你發現有一條你未曾追求、現在卻希望自己曾追求的發展方向，那麼就深深地去想那些活動現在可以切合你的公認生活的那些方式。帶著渴望的這種沉思——以一般常識爲其後盾——能帶來可能性之交會點，而導致心靈更深層成份的重新排列。以這種方式，可能的事件能被吸到你目前的生活情況裡來。

〔《「未知的」實相》，三四五～三四六頁〕

在談潛能的練習裡，多重人生的概念被引介出來。「全我」包括了一個非物質的內我和好些個物質的自己或自我。這些自己中，有些存在於同樣的實相系統裡，卻是在一個不同的時代。這些就是所謂的「轉世的自己」（賽斯較喜用「同時的自己」這名詞）。其他的自己存在於一個不同的實相系統裡——一個可能的系統，他們在那兒實現在我們實相裡想出來，卻沒繼續加以實現的概念。既然概念基本上是精神性的行爲，一旦它們被心智孕育之後，它們就存在爲「可能性」，等待被具體實現出來。如果它們在這個實相裡被付諸行動，它們就變得被實現了；否則，它們就在可能系統裡繼續其存在，被一個可能的自己付諸行動，這個自己當那決定做出時在交會點躍入存在，而岔出去在另一個實相裡追隨那在這個實相裡「沒有走的路」。

這是指就每一個你想像出却沒採取的行動而言，在一個不同的實相系統裡都有一個你自己的「副本」眞的採取了那個行動，而繼續從那兒去追隨一個獨立的途徑。在上面的摘錄裡，賽斯說的就是，在某種情況下，你可以安排使得你現在所走的路再一次的與你可能的自己所走的路相交，而兩個「你」可以再一次的合而爲一。

這個練習將探索那個可行性——或，我該說，**可能性**。

回想你一生中那些你做了重大決定而引起你人生的巨大改變的時候。明顯的例子是你決定上哪個大學，選哪個工作，或要不要結婚。在這些決定中，有沒有一個你特別覺得後悔的？是否好像從那一點之後，什麼事都不對了？或你曾對之想了又想？你是否希望你做了另一個當時也可行的選擇？如果你想不出任何那類的遺憾，你仍可做這個部份的練習，只爲了明白去探索「可能的實相」是什麼感覺，因爲如賽斯所說：「我不喜歡『進步』這個辭，但以你們的說法，身爲一意識，其『進步』就是對你自己身份的這些其他具體化變得越來越覺察。」如果你眞能想出一個你後悔了的決定，那就計劃在這練習上花上許多時間吧。

回到你做那個決定的時候去。感覺一下你的感受，想像出當時的環境，以及你在那時的處境。變成你在那時的自己。現在，想像你自己在做你希望你曾做的那個決定，而非你後悔了的決定。感受一下當一個人做了一個改變一生的決定後，所感受的興奮之情，而開步踏上追隨那個行動把你放上的那條路。清晰地看到因那個決定而生出的所有新的可能行動。看見你自己跟隨那條路，善加利用沿路發生的所有機會。現在，當你在做這個時，容許你的一些覺察力仍與你目下的情況、你目前的路保持聯繫，而在心中看見在途中某一點上這兩條路回到一處來。在那條可能之路上，你能採取什麼對你現在的處境有益，同時却又不會引你岔出去太遠的行動？在「眞實的」生活裡，你能採取什麼把你的路帶得與你想像的可能之路更近些的行動？

這個練習要求獨處和非常強烈的專注及決心。做好幾次，在你的日誌裡寫下你由它得到的任何洞見。在試了幾次之後，你也許能聯合那兩條路。

27 信念功課：之五

如果你看看身邊的親人、朋友、熟人和事業上來往的人，你也可以看出你是個怎樣的人，因爲「物以類聚」，由於非常基本的內在相似處，你們彼此吸引。〔《靈魂永生》，二四八頁〕

在這個信念功課裡，你將透過檢查你在某方面選擇了在你生活中與之爲伍的那些人的信念，來檢查你自己的信念。在你的日誌裡，把在你生活裡的重要人物列個表。在某些情形裡，這些也許並非你特別親近的人，儘管如此，他們却在某方面影響了你的生活，就像僱主或職員、地主，甚或一個你從未碰面却覺得被他吸引的人。

現在，看看名單上的每個人，你能否想出幾個是那個人特徵的信念，而同樣也是你所持有的信念。想想你們在這些信念上做了些什麼來彼此支持。你們說或做了什麼來加強這些共同的信念？

現在想一想你正在努力想見其在你的實相裡實現的一些信念。你知道任何現在擁有相似信念的人嗎？你是否被那些已具體顯示了這些你在努力的信念的人所吸引？繼續考慮如果你改變了某些信念，會在你與名單上不同的人之間的關係上產生什麼效應？你希望它發生嗎？你有沒有任何想改的信念，卻怕你會失去這些人之中某些人的支持？

再想想那些你曾與之爲伍，却已不再交往的人。當你們是伙伴時，你們曾有些什麼共同的信念？你們仍都有這些信念嗎？或你們之中有一個變了？你有沒有想過與一個不想與你爲伍的人攀交？或剛好相反？在任一個例子裡，你想在雙方心裡作用的是什麼信念？

28 藉著以相反的信念來取代以改變信念

重要的是，你們要明白你們在處理的是你們心中的信念——眞正的功夫是在內心完成的——而不去尋求立竿見影的實效。

事情肯定而毫無疑問地會照著你對信念所下的功夫而發展。就像以前「壞」的結果來自壞的信念，你也必須相信，當你改變信念後，好的結果一定會隨之而來。但眞正的功夫是在內心完成。只要你下了功夫，你便可安心等待其結果，但你切不可時常查看結果來了沒有。〔《個人實相的本質》，一二四頁〕

時至今日，藉著做這些練習，你無疑已發現了一些你以前未曾覺察的對你自己的信念，或，也許你曾覺察，却未悟到它們在限制你的信念。現在問題就在，如何擺脫你不想要的信念？當然認識到它們的存在是必要的第一步，但再來呢？你能不能只說：「我不再持有那個信念。」而期待它走開？

嗯，也許你能——尤其是如果你非常相信它會發生。但改變一個信念的一個更有力的方法，就是以另一個信念取代它。藉著把你的能量貫注在一個會領你到與你目前信念領你到的一個不同實相的信念上，你對當前的信念就沒留下剩餘的能量了。

而如果你繼續這樣做，過了一陣子後，新的信念就會實現，因而變成你「公認的」實相之一部份。然後你又可貫注在另一個你希望實現的信念上。

在我們心裡，我們全都有許多我們未對之下功夫的信念，它們靜靜地蟄伏著準備被利用。舉例來說，如果你有個「我很窮」的實際表達出來的信念的話，你也有一個你活在豐盛中的潛伏信念——因爲一個對貧窮的信念就預先假定了另一個更快樂的狀態存在，那是你得不到的。因此，對你所有每個活動中的「壞」信念而言，就有一個潛在的「好」信念，等著被發動。而只藉由把你的注意力由負面信念轉移到正面信念上去，你就開始把力量差額移到另一邊去了。

在改變你信念的時候，另一件要記住的事就是，情感和想像與信念密切相連，而有強化它的作用。人們常以爲情感與想像引起信念，但事實却非如此。情感自信念而起，想像也是一樣。當你改變一個信念，你會發現你的情緒改變了，而你的想像也移到別的事情上，因爲它們的源頭——它們背後的信念——已改變。同時，情感和想像能被用來加強一個新信念在你腦海中的成形。

現在，藉著以相反信念取代以改變一個信念，第一步是承認你有某一個信念。要點是不去忽視或否認那老信念，因爲當由那信念而生的未被表達的情感在內心累積了起來時，那只會導致一種無力感。反之，接受那個信念爲一個你對實相的目前信念，而明白它並非有關實相本身的一個事實。然後對你自己說：「我暫且假裝我有個剛好相反的觀點。這只會產生好的結果。」然後栩栩如生地想像你自己在相反的情況裡。如果你有病，想像你自己很健康；如果你很窮，想像你自己非常富有。在那一段時間裡，作那個健康的人，作那個富有的人，讓你的情感和想像力暢流。看見你自己活潑健康、容光煥發；看見而且感受你自己快樂地花錢。

隨之再做「威力之點」的練習，看見你自己由你現在的威力之點爲自己創造這個實相。然後放掉它，知道具體結果終究會隨之而至，而你不必一直在查看它到底來了沒有。每天做一件符合你新信念的小事。如果你臥病在牀，爬起來幾分鐘。如果你認爲自己很窮，花些錢在某件瑣碎的小東西上。

在做這樣一個練習時，你的想像力常會使你發現你以前未覺察的其他信念。藉著想像你自己在一個與你現在相反的情況裡，你可能會撞上你不知道你有的對那種情況的抗拒。例如，你可能發現你抗拒作有錢人，因為你相信有太多的責任與之相連。這個發現可能把你導向你對責任所具有的一堆信念，它們可能阻擋了許多的成就。那時你可以用同樣的戰略去對這些信念下功夫。

29 你理想的自己

正如戀人們在他們的所愛裡，能夠看見那個「理想」，卻又對某些不足或某些由理想的偏離十分的覺察，因此你也能愛你自己，而又了悟到你所認爲的不完美反而是向著更完整的「變爲」的一種摸索。〔《個人實相的本質》，六四五頁〕

賽斯一直強調自我接受的重要性。基本上，我們全是理想主義者。我們天生朝向價值完成、朝向實現我們所有的潛能、朝向完成我們的理想心理模式的原動力，經常不斷地驅使我們致力於我們自己的「改善」。我們上課以改進我們的記憶力或投資房地產或烹飪美食；我們讀所有能弄到手的「自助」書；我們去找婚姻輔導員，自我肯定訓練營及溫泉保健中心。

雖然這經常想改進自己、想變得更健全的衝動有一個很強的自然基礎，在我們社會裡它已變得變態而被誤用了。我們不在我們的學習裡得到快樂，也不去享受我們在改變中的自己的創造力，反而把我們自己與別人相比而覺得欠缺。或者我們把自己與自己的一個理想化的版本相比，而覺得很慚愧沒有達到我們潛能的水準。我們已變得如此專注地把注意力集中在外面的產品——我們有天希望成爲的「完成的」自己——上，以致於我們不再享受變爲那個自己的過程。在任何自我改進的努力生效之前，接受並肯定我們現在的樣子是非常重要的。否則的話，我們將永不滿足，我們永遠會在貶抑自己，向我們自己指出別人在我們想要改進的不論什麼地方比我們好了多少，而貫注於我們「應該」做什麼。只有當我們能接受此時此地我們是什麼樣的人，我們隨之才能愛我們自己，才能從那個視角看到在我們內的理想。那時，如果我們覺察到某些欠缺或偏差，我們便能歡迎它們，當它們是指出我們可以在理想的追求上變得更完全的方法之指標。

你應該抱著歡喜的自我探索和發現的精神去做這練習。因爲它的目的是藉由檢查你目前正在經歷的「摸索」，而找出你自己的理想版本是什麼。藉著看看你在你的信念裡不是什麼，你將發現你認爲你是什麼——你的理想心理模式是什麼，內我永遠在輕推你去實現的那個在「架構二」裡的模式。

在你的日誌裡，把所有你失敗之處作個清單。你做錯或做得不完美的地方，你欠缺的地方，你做不來的地方。要遊戲性地去做，心裡了解寫下的是你對自己的「信念」，而事實上你自己是眞的沒有限制的。所有你需做的只是改變你的信念，而你的實相就會隨之改變。想想你做了什麼令你慚愧的事的那些時候。把你的「缺陷」做個清單。

現在檢查這張清單以明白它對你自己的理想說了什麼。例如，如果你說的關於自己的一件事是你太聒噪，這對你的「理想的」自己說了什麼——你理想中的人是能傾聽別人說什麼的人？他沒有想出風頭的需要？檢查你所苛責的特性，用這方式看完你的單子，而看看你能否開出一張你覺得是你自己的理想特性的單子。不論何時當你苛責自己時，就是因爲你未能配得上你獨特的心理模式。

現在以第三者身份對這理想的自己作一個描述，就好像你是這個角色的一個好友。他做什麼？說什麼？他有哪一種生活？還是遊戲性地做，了解到這個理想是經常在變而非固定在水泥裡的。

這個練習的最後一步是，思考一下你收到的把你推向變成這個理想的人的那些衝動。想起幾件最近的例子，在其中你覺得有去做某件事的衝動，而以你的理想心理模式——你理想的自己——的觀點去看它。醒悟到你是個多麼理想主義的人。

30 重寫過去

> 理論上你可以改變你所知的「自己的過去」，因爲就與可能性一樣，時間也不是什麼與你分開了的東西。
>
> 過去以多種方式存在著，而你只經驗到一個可能的過去。藉著在「現在」在你的心中改變這過去，你不只能改變它的性質，也還能改變不只是它對你的影響，還有它對別人的影響。〔《靈魂永生》，三三七頁〕

如你時至今日已發現了的，創造你自己的實相關係到許多方面，因而也有許多不同的方法。對你的衝動變得有所知覺，是另一個善加利用你「實相創造」之潛能的方法。另一個法子是檢查你的信念。另一是肯定你自己。另一個是利用一個「對話」等等。

有好幾個練習都是把焦點集中在「對過去下功夫」來作爲一個創造你目前實相的工具。例如，刷新記憶的練習顯示給你看，如何藉著利用那些過去的愉快記憶產生的能量，在現在更新及恢復你自己的精神。在另一練習裡，你看見，藉著與過去的自己「相會」而給它們鼓勵，你爲自己創造了一個更積極的現在實相。另一練習讓你檢查過去的成功，而看到它們如何對你現在的情況有所貢獻。隨後的一個練習是你探索一條沒被走的路，懷著把那條路帶回來與你現在的路相交的目標。

這個練習還會給你另一個利用過去來創造現在實相的方法。它與練習二十八相似，在那兒你以一個現在的積極信念去取代相反的消極信念。所不同的是，在這練習裡你以一個過去事件來取代另一個。

試著回憶起在過去使你心煩的一件事，當你想起來就覺得不舒服的一件事。它也許是你做的什麼事，或別人做的什麼事。它也許是你覺得沮喪與無力，或是你暴跳如雷。你也許有一種你從未了解的舉動，或者你也許非常了解你爲何有那種舉動。無論如何，它應是一件你自己仍覺得不舒服的事情。

現在，在你的日誌裡，回到剛在那件事發生之前的時候。詳細的描述那情景——那背景、角色、情感上的氣氛。然後繼續描寫發生了什麼，但不要用你記得的那件事，反之以一個完全不同的結局取代之。某件非常積極而肯定你的事。盡可能詳細的描寫人們說了什麼，人們的反應如何，以及對本來可能的不幸結局的解決之感。當你寫的時候，看到人們的面部表情，聽見人們說話的聲調，感覺到你的衝動和你的情緒。令它很眞實。

在不同的場合把這個讀上許多遍，而每一次都覺得你自己活在你所寫的情景裡。如賽斯所說，告訴你自己發生了另一更積極的事件以代替你所記得的那個，並不是自我欺騙。對過去的想法是在過去的行動，因而，藉著去想這新的過去行動，你自動地把它造成了過去的可能事件。它也許不是你「公認的」經驗，你在「眞正的」過去選擇去感知的那個經驗，但它却是一個可能事件，因而會影響你，也影響其他涉及那事的人——如果他們選擇接受你的新版本。

在過去、現在和未來之間經常發生的相互作用是沒完沒了的。例如，賽斯提到，一個對健康突然而強烈的信念眞的能「倒轉」一個長久的疾病。新的細胞記憶在身體裡取代了舊的記憶，因此它的過去與它的現在符合。這是指過去能自現在學習，就與反過來也行一樣。

這許多不同的改變你信念的方法彼此支持和加強，而且也運用上了情感、想像和理智。

31
祕密

我現在建議，當我說完之後，你們每個人講一個祕密，作爲一個初步的開始。

〔《與賽斯對話》〕

在珍的一堂定期的ESP課裡，賽斯叫每人講一則關於他們自己的祕密，當作作業。他剛跟班上同學談過做人要誠實的事，並說他們需承認他們的情感，以使他們能以自己希望的方式指揮那情感能量。

現在我曾以你們能了解的用語來談——你們所知道的世界與實相的本質。但你們並沒有把實相這玩藝兒拿到你們心裡而了解它，這是你們現在必須開始學著去做的事。換言之，你們必須接受那情感的自己，非表面上地也非理想上地接受，而是照它現在存在的樣子接受；也是你現在是什麼的這個實相——然後你

才能開始對你是什麼及你有什麼下功夫。〔《與賽斯對話》〕

然後他建議，他們對其他班上的同學講一個關於他們自己的祕密。這可以是一個他們曾告訴過密友或配偶的祕密，卻不想讓世上一般人知道的。他說，這是「表現誠實」的一個起步，並且也是溝通至今隱藏著的經驗與感受的一個起步。

據蘇・華京斯——她在《與賽斯對話》裡描寫這課——說，班上每個人似乎都被這個作業嚇了一跳。每個人抱著極大的勇氣衝口說出他的祕密，卻發現其他的人完全不爲那「洩露」所驚。蘇結結巴巴地承認她有次用木棍打過她的寵狗，這由聽衆那兒沒得到多少反應。另一個同學接著呑呑吐吐的說他恨跟他住在一起的老父。蘇說她覺得想嘲笑他，她看不出那與用棍子打自己的狗比起來有什麼大不了，打狗才是大事一件呢！因此班上同學學到，對你很重要和可恥的事，可能在任何別人看來並不重要或可恥。這種行爲給你不利的影響只因你相信其負面性。

如果你能與一個朋友一同做這練習，那就最好不過。但如果不能，就寫一篇文章，關於一個想像的ＥＳＰ班，在其中你及其他人說出有關你們自己的祕密。當你在寫它的時候，看你能否維持住兩個觀點——一個客觀觀察者的觀點，以及在講祕密的你的自我觀點。看你能否感受到在說祕密時的強烈羞恥情緒，而同時也把情緒（及其後的刺激）視爲沒什麼大不了，只不過是人生過程的一部份而已。

作爲練習的一個後續，寫下你能想起有關你自己的任何其他祕密。問你自己：有沒有任何人認爲它們是你認爲的那麼負面？下個決心開始把這些有關你的事洩露給別人知道，因而釋放在它後的情感興奮。你會因對人誠實而覺得好過些——而當你發現人們不但不會因爲知道你的祕密而對你有較壞的想法，反倒因你的開放而對你感覺更好時，你也會鬆一口氣。

繼續留心你對自己所持有的祕密，因爲你常會甚至瞞住了你自己。因爲這些祕密會阻擋了在某方面扯住你後腿之重要信念的暴露，它們才是最具破壞性的祕密。賽斯告訴班上：

……你應當了解在你常常帶在內心的這些深深亢奮裡被扭曲了的活力，因爲這些不讓你去利用你自己的能量。它們眞正是把你全打成解不開的結了。（《與賽斯對話》）

32 你的個人迷思

迷思創造是一種自然的心靈特性，一種心靈成份與其他這種成份組合在一起，以形成對內在實相的一個神話式的表達。然後那種表達又被用爲一個模型，你們的文明就組織於其上，而它也被用做一個感知的工具，透過它這個透鏡，你們詮釋在歷史範圍裡你們人生的個人事件……〔《個人與群體事件的本質》，〇八九頁〕

我們發明迷思爲的是回答我們對實相本質的問題。賽斯用陷入天災的人來作例子。按照他們的信念，他們可能問自己，是否神引起天災來報復他們做的錯事；或如果他們是科學取向的，他們可能會問如何能改進科技，以便更能預測這種災禍而挽救人類的性命。威脅到生命的戲劇性情況，總是令人想起這種對實相本質以及我們與自然、宇宙與神的聯繫等問題。問題導致迷思的發展，然後它又被用爲人生的指導原則。

因爲我們的社會不信賴任何有「神祕性」或「非理性」色彩的東西，我們稱我們的迷思爲事實，而接受它們爲存在的基本規則。迷思在失去了它們的彈性及象徵力量之後，變成無形的枷鎖，規劃了而非指導了我們的人生。基督教與科學二者本質上都是「神祕的」，雖然要讓一位科學家看出科學之神祕特性是太難了——雖然同時他們可能很願意把這種特性歸諸基督教，要讓基督徒把他的宗教視爲建立在迷思上也是再難不過了——雖然他也許會把科學那樣看待。無論如何，多少因爲我們把迷思轉換成了「事實」，使我們無法認出實相的「神奇的」無常本質。這局限了我們。

在做這練習時，你將重新認識你作孩童時用得那麼靈活的「迷思創造」的喜好，並有創造你自己個人迷思的經驗，在其中，你提供你自己對實相本質的以及你在其中的位置的象徵性解釋。這應導致對你最深的信念的一些洞見。

在你腦海裡仔細思考你熟悉的迷思、傳說和故事，作爲這練習的一個準備。專注於這些故事——灰姑娘、亞當與夏娃、尤里西斯等等——裡的主要角色。回想這些角色的內心衝突，他們路上的阻礙，他們的盟友和敵人以及他們最後的命運。這會給你一個對迷思創造之媒介的感覺。現在想起一個你生命中的樞紐事件，當你起而對抗在你本性裡、或在外在大自然裡的一些基本力量的時候。當你想起那個事件時，試著看出它的神祕性，看出它與迷思有什麼共同性。問你自己像「這爲什麼發生在我身上？」「此地幕後有什麼力量在作用？」「這些三度空間的人物（或行動）代表了什麼內在實相？」「我如何能以迷思方式表達這個掙扎？」這類的問題。

然後在你的日誌裡寫你自己個人的迷思。不要勉強逼出象徵符號，讓它們由你的衝動自然升起。別試圖去「合理化」或講理。只把出現在腦海裡的東西寫下來，然後再看看你有什麼。以你檢查夢的同樣方式檢查迷思，以那些意象做自由聯想，直到其意義對你變得清晰起來。寫下你發現的任何新信念，它們是否在限制你？

33 信念功課：之六

你們來到這個世界，是要學習與了解，你們的能量轉譯成「思想」與「情緒」之後，引發了所有的經驗。這是沒有例外的。

一旦你了解了這點，你所唯一該做的，就是去清查你自己信念的本質，因爲你的信念會自動地使你以某種模式去思想和感受。是你的信念在領導你的情緒，而不是你的情緒在領導信念。

我要你們從幾個地方去認識你們自己的信念。首先，你務必要了解你所接受爲眞理的任何觀念，其實都只是一個你所抱持的信念。然後，你必須進一步告訴自己：「即使我相信它，它也未必是眞的。」希望你在明白之後，進一步能做到把所有那些暗含基本限制的信念遠遠拋開。〔《個人實相的本質》，〇六四頁〕

這是賽斯在珍的ESP班上所給的一個修飾過的信念功課的版本。

在你的日誌裡，寫下你對責任的信念。責任的本質是什麼？你對責任有什麼感受？你相信你應對什麼負責？現在，在這些責任之中你是否喜歡某一些而不喜歡另一些？集中焦點在你不喜歡的那些責任上。對於你覺得應該負責，却不喜歡的任務，你做得有多好？

現在繼續下去，想想「有趣」這概念。什麼事做起來有趣？你對「做好玩有趣的事」有何感想？你「容許」自已去做好玩有趣的事嗎？是否有些好玩的事你不認爲你該做？當你因爲一件工作有趣而去做，你做得有多好？當你因爲喜歡做而做一件工作，是否比你覺得你有責任去做那工作時要做得好些？如果是這樣，你怎樣才能使責任變得更有趣？當賽斯指定這練習時，他說：

> 我故意用「好玩有趣」這個字，因爲當我用「喜悅」這字時，你們可以躲在它後面，而以你們所認爲的非常具靈性的方式去想，因爲「喜悅」聽起來很有靈性，而「好玩」則否！〔《與賽斯對話》〕

34 刷新記憶：之二

在某種感覺的「地下組織」裡……在那些無數的「過去的」午後所經驗的刺激和反應，其證據雖早已被埋葬，却仍然存在，那些記憶中有些必然會被重新播放，而影響你所謂的眼前經驗……你有意識的思想和習慣，掌管它們之中哪一些將被融入目前的大漩渦裡……過去事件，除非它們被存在於你們心中的有意識的期待和思想召來，否則不會像這樣入侵。那些無意識的記憶將按照你目前的信念而被發動。當你的思想發動了愉悅的身體感覺和實質事件，你將得到補充和更新；或當你把不愉快的過去的肉體遭遇帶到你的覺知裡來時，你會感到沮喪……如果你堅持追求這種悲傷的想法，你就在重新發動那種身體的狀況，想一件你所遇過的最愉快的事……而相反的結果就成眞……要記住，這些精神性的聯想是活生生的東西，它們是能量結集成的看不見的構造物。〔《個人實相的本質》，二一六、二二四頁〕

就如先前刷新記憶的練習一樣，試著不要在一次做完這個練習裡所有的項目。一天花十五到二十分鐘在這上面就差不多了，否則它們可能失效。就著每一項，閉上你的眼睛，去體驗那件事。把你自己投射到裡面去。注意那些色彩和感受，品嘗它們。然後讓那情景結束，感受現在在你身上的效果，感覺湧過你的能量，感覺你自己在未來帶著這種生氣勃勃的感受。任何時候當你覺得消沉，就再回來做這練習，找一個特別令你興高采烈的項目，再以同樣的過程去經歷它，以補充及更新你自己。

記起有一回當：

- 你感覺到一種成就感
- 你令某人快樂
- 你很高興你活著
- 你緊緊擁抱著某人
- 時間停止
- 你被某人選中

- 你與某人鬧翻了而覺得較爽快
- 你覺得自己很美
- 你看進了某人的靈魂
- 你感覺自由
- 你的朋友們對你表達他們愛你
- 某人了解你
- 你明白你有多能幹
- 你確知是你創造了你自己的實相
- 你坐在溫暖的陽光下
- 你解決了一個問題
- 你知道每件事總會獲得解決
- 某人信任你
- 你改變了你的行爲
- 你堅守立場
- 你歡喜不已

- 你發現自己做了某件重要的事
- 你知道你很堅強
- 某人懷著敬意跟你說話
- 你在足趾間擠濕泥玩
- 你的恐懼是無稽的
- 你發現某人眞的很在乎你
- 你覺得自己手很巧
- 你宣布放棄
- 你對某人眞的很有幫助

35 故意唱反調的人

許多相當「限制性的想法」會在「善」字的僞裝下逃過你的審查。比如說，如果你嫉惡如仇，或痛恨那些在你看來似乎是邪惡的東西的話，你可能覺得自己這種品德蠻高尚的。但如果你專注在「惡」上，或是一心集中於「恨」的時候，你就在製造它們。再如，你境況貧寒，你也可能以貧窮爲是，轉而瞧不起那些有錢人，告訴你自己「錢不是好東西」，這一來反而導致你窮上加窮……如果你有病，你可能會發現自己念念不忘你的悽慘境遇，對身體健康的人又恨又妒，同時又悲歎自己的情形——因而經你的思想使病況更長存下去……憎恨戰爭並不會帶來和平——另一個例子，只有熱愛和平才能眞正帶來和平。〔《個人實相的本質》，〇七九頁〕

「實相創造」可以是一種微妙的事情。我們明白我們透過我們的信念創造它，我們也知道我們的信念是有意識的。但這仍無法防止很多信念逃過我們的注意力，它們已變得這麼熟悉了，以致於我們根本沒悟到它們是些信念。或者，如果我們認出了它們，它們看起來好像是「好」的、建設性的信念，因此我們沒進一步去審查它們。但就正是這些信念——我們視爲當然的以及我們認爲是積極的那些——能帶給我們最大的問題。

在這個練習裡，你得扮演「唱反調」的角色。你要用那不受歡迎的、「惡」的觀點，而看看你能如何爲它辯護。在許多例子裡你會做不到、或不想做。但在某些例子裡你也許會發現，你以前曾認爲是積極、不拘束人的信念眞的是相當拘束人的。賽斯所舉憎恨戰爭的例子就是個適當的例子。戰爭如此顯然是邪惡的，誰會不恨它？但藉由把我們的能量集中在戰爭這概念上，我們給了它實相與力量。

在你的日誌裡，寫下所有你能想起來你認爲是有益的、不局限人的、可據之以過活的概念，好比：「誠實是最好的策略」，或「吸煙對你的健康有危險」。把「陳腔濫調」和「警句」包括進去，因爲這些尤其不爲人所見——它們是「理所當然的」。

現在，扮演那「唱反調的人」，逐項細看這清單，看你能否「反對」這些的每個概念。去相信它沒有任何的不利或限制嗎？有這樣一個信念可能對你或任何別人造成傷害嗎？這信念可能建立在哪些看不見的假設上？例如，在「吸煙對你的健康有危險」這句話裡的一個隱藏著的假設是，對你的健康而言的確存在著一些危險。對你來說，這假設是「一個據以過活的概念」？或它是有局限性的？對每一個你挑出毛病的概念，看看你能不能把它改成一句沒有局限性的話？

36 信念功課：之七

如果你容許自己對自己的信念越來越有所覺察，你就可以處理它們了。試圖去反抗你認爲是負面的信念，或是被它們嚇著，是很傻的。它們並不神祕，你也許發現它們一度曾發生很好的作用，只是被過分強調了。它們也許需要的是被重新結構，而非否定……有些信念可能在生命的某一個時期對你發生非常正面的效用，然而，因爲你沒有去檢查它們，可能在它們達到了它們的目的之後很久你仍帶著它們，而現在它們可能變得與你作對……例如，許多小孩子在某一段時期相信他們的父母是全能的——一個很方便的信念，給了兒童們一種安全感。進入青春期之後，這同樣的兒女們震驚地發現，他們的父母是相當的具有人性，而且是會犯錯的，常常另一種堅信就取而代之了：對於較老的一代之不足與低劣的一個信念，以及對那些掌管世界者的僵化與無情的一個信念……如果在四十歲時，你仍相信你的父母是絕不犯錯的，那麼，你對那個概念的持有已經遠超過它對你的有益期限了……如果你是五十歲，而仍相信較老的一代是僵化的……那麼你就在……爲你自己建立了負面的暗示。「《個人實相的本質》，六四八～六四九頁」

如賽斯所說，我們常常隨身携帶著一度在某方面對我們有用，但現在却壓制了我們的信念。就這個信念功課而言，你將以這些信念在此時對你多有用的觀點來審查它們。以回到你的童年開始，想想你曾有的信念。檢查一下你雙親的信念，會給你一些概念。把它們寫在你的日誌裡，你仍然有任何這些信念嗎？如果你有，它們仍對你有用嗎？它們有什麼用？

繼續回到你的少年期去審查你在那時的信念。你和你的同儕們對你們在世界裡的角色有何想法？你們對父母、對權威人士的態度如何？把這些寫下來加以審查。這些信念裡有多少個是你仍持有的？它們對你是有用或有限制性？

繼續回到你二十來歲的時候審查那些信念。那些信念之中你仍持有哪一些？它們有用嗎？等等。等你做完了，決定一下你對那些過了時的信念要怎樣處置。

37 藉聲音治療

當你的身心一同工作時，那麼兩者之間的關係就變得非常平順，而他們自然的治療系統就把你放在一個健康與喜悅的狀態……只因爲你不信任你自己天生的治療本能……所以你跑去求助於外來的治療法。〔《個人實相的本質》，三〇五頁〕

動物們完全依賴牠們的本能來維護牠們的身體，及告訴牠們要採取什麼行動。在牠們的腦裡沒有分開的「各部份」。但我們則以不同的方式創造我們的實相，有意識的念頭在指揮無意識的活動上扮演一個重要的角色。在評估我們的經驗及決定是否要改變它時，我們仰仗有意識及無意識的信號兩者。這樣說來，我們對我們的健康與福祉要比動物負更多的責任——那也可能成了問題的一個根源。例如，我們對一個身體上的症狀，想「做些什麼事」，而不願——或害怕——等著瞧，看會發展成什麼情形。我們根本就不信賴我們的身體，當它是個自我調節的系統，却感覺我們有責任要把它弄對。因此我們吃藥、看醫生、或與精神分析醫師訂約。因爲我們是有意識的，我們覺察到我們創造自己實相的責任，而這種責任感使得我們不信任自己的治療本能。但我們眞的是我們自己最好的治療者，因爲只有我們能確知無疑我們什麼時候體驗到內在的和諧。

當心智、身體和心靈在完美的平衡裡，當我們有意識地覺察到一種生理與心靈的統一存在我們內心，並且存在於我們和宇宙的關係裡時，就有一種「恩寵的狀態」存在著。這種身、心、靈的和諧狀態可以被最微渺的事件觸發。嗅一朵玫瑰能喚起喜悅和令你想起心愛的人。我們那與感官精密配合的意識心，有能力以種種方式去詮釋實相，那是動物所無法做到的。那麼，我們能有意識地用我們的感官喚起我們內在實相的力量，而帶來那種統一感，那是——或應是——所有治療的目標。

音樂的力量作爲一種自然的治療方式是衆所週知的，雖然人們並不一定總能認知它爲什麼有效。賽斯作了以下的解釋：

> 你把你的身體看作是有體積、由骨頭血肉組成的「東西」。殊不知它們也有你看不見的聲音「各種結構」……與你所知的身體形象相連。任何身體上的殘障都

> 會首先在這些其他的「結構」上顯示出來。
>
> 這聲音……模式會爲這個你認可的肉體形象帶來力量與活力……聲音本身會有一種天生固有的朝向「精力」與「幸福」的推動力……音樂是賦予生命的內在聲音的外在表現，內在聲音在身體內不斷地起治療的作用。音樂有意識地提醒了你那更深的內在節奏……聽你喜歡的音樂常會把一些影像帶入腦海中，以不同的形式對你顯示你個人有意識的信念。〔《個人實相的本質》，一六四、一六六、三〇五頁〕

那麼，聆聽音樂有助我們把意識和身體及我們存在的更深結構——那對世界唱出我們的身份的能量之感覺基調——統合起來。

這個練習是如此的容易做又令人愉快，以致它看起來根本不像是個「練習」。但每天去做它卻會增進你整個的幸福與和諧的感受。只不過每天挪出半小時來聆賞音樂。選擇一個你最不會被打擾的時候。躺在沙發上或地板的墊子上，深呼吸，當音樂流入你時，感覺你自己放鬆下來。

最好是選擇你聽得不多的唱片或錄音帶，因此你不會預期要來的聲音，而會全神貫注於每一個正在奏出的音符。雙眼閉著，讓念頭自來自去，不要執著任何一念。讓意象反應音樂而來，却不試圖去加以詮釋。要覺知伴隨著念頭的情感。感受那聲音與你身體內的細胞共振，感覺那音樂由你的身體向外輻射，而變成了宇宙的振動的一部份。完全地體驗那音樂。

當聽完音樂後，趕快在你的日誌裡寫下你在聽時的任何洞見，當它們仍鮮活的在你心中時。對你周遭的日常聲響變得更敏感些，尤其是大自然的聲響——鳥鳴、樹間之風、屋頂上之雨、海潮之聲。光是了解了聲音的治療性就會提昇了你的聆聽。

38 想像力

透過訓練，許多成人被教導想像力本身是可疑的，這種態度不只強烈地阻礙了任何藝術上的創造力，而且阻礙了處理實質事件本身所必需的想像性的創造力。〔《心靈的本質》，二七七頁〕

如賽斯所說，不只是藝術家需要運用他們的想像力，光只爲與平常的實相打交道，每個人也都需要。此地有個可以令你擴張想像力的練習。

賽斯提到，小孩子的遊戲常常涉及了在時間裡的操縱，而同時成人的遊戲則是與在空間裡的操縱有關。所以，看看你是否能重新訓練你的心智像一個孩子的心智那樣作用，他們的創造力如脫韁之馬，毫無羈束。想像你自己在你現在所在的同樣空間裡，但卻在一個遙遠的過去時間裡。在你的日誌裡寫下你對這個地方的印象，當它在許多世紀以前的時候。那時這兒的地勢是像什麼樣子？有什麼樣的住所？有什麼樣的人？他們如何穿著？

現在再想像這同樣的地方，時間却在許多世紀之後的遙遠未來。你現在看到了什麼？在你的日誌裡把它詳細的寫下來。

在任何時候，你都可以用你的想像力玩相似的把戲。例如，當你在散步時，想像你走過的地方十年以前的樣子，或在未來十年之後會像什麼樣子。或是想像你現在正在看着的樹木在一、兩季以前的樣子，而它們在下一季裡看起來又會是什麼樣子。像這種練習會給你一個甚有價值的對「現在」的一個看法。我們有種把事件看成是固定在時間裡的傾向，而需要對它們的流動有所感受。藉著主動地想像你現在所在之處在不同的時間框框裡出現的樣子，你可以發展出對這種流動性、對實相的無常性的一個感受。

39 擺錘卜卦

擺錘卜卦是一種方法，可以容你看見，在你的意識中，卻沒有被納入你已認可的信念系統的那些資料。〔《個人實相的本質》，一二〇頁〕

還有一種發現你尚未覺察之信念的方法是利用「擺錘」。這是珍的丈夫羅勃·柏茲用得相當成功的一個老技巧，來發現在他生活裡種種現象背後的理由。

你把一個小而重的東西好比一塊石頭或一個鉛錘——懸在一根繩子上就做成了一個「擺錘」。以拇指和食指握繩，讓擺錘虛懸。然後你問一些可以用「是」或「否」回答的問題，你的手完全保持靜止，等它「回答」。最初幾乎無法覺察，但當你的肌肉「不由自主地」地對那問題反應時，擺錘會以一越來越強的動力開始搖擺。

在你開始問問題之前，先決定如何詮釋擺錘的不同動法。例如，你也許決定用一個「前後」擺動作爲「是」的回答，而一個「左右」擺動則爲「否」。你可以用一個圓形轉動作爲「那問題在此時無法回答」，而讓你的內我決定去獲知你尋找的資料是否對你最爲有利。

當然，這個方法的一個毛病是你只能問是或否的問題。但你想問多少問題都可以，因此，藉由淘汰的過程，你可以慢慢地瞄準有利的區域。舉例來說，你也許想發現你無法將之與任何過去經驗相連的一種隱隱的沮喪感背後的理由。你可以用一般性的問題，像「這感覺是否與我過去的某個特定事件有關？」如果擺錘示意「是的」，你隨之便能開始問它你想到的一些事件。但如果它說「不是的」，那麼你可以問它那感覺是否與你預期在未來的事件有關。如果它說「否」，那是指在過去或未來都沒有一件特定事件會引起那種感覺。你可以繼續問那感覺是否與一連串的事件，或一個夢，或一個信念有關——諸如此類。

你最好在問問題前把它們寫下來，並且記錄你得到的答覆。擺錘會完全照字面來回答問題，因此在問題裡只改一兩個字就會改變你得到的答覆。

小心不要「影響」你的答覆，尤其是當你問你想要某種答案的問題時。如果你發現你每回都得到你希望的答案，這可能是指你把「身體語言」加諸其上了。這事本身就會告訴你一些你在那些問題背後的感覺與信念，但它也許不能發現引起你所問的情況的某些信念。當你得到一個你沒預期或不想要的答覆，至少你能確定不是來自自我，卻是來自內我。

有些信念令你懷疑是建立在你「應該」怎麼想這種觀念上的理性假設，那麼「擺錘卜卦」就是把它們揪出來的最好方法。你可以就這麼問：「我眞的相信如此這般嗎？」擺錘就會給你一個直接答覆。然而，不要仰仗擺錘來替你預測：「星期六會下雨嗎？」或「我在一個月內會找到一個情人嗎？」理由之一是，問這種問題易於顚覆你對「架構二」之仁善的信心。而且，如我們已知，未來是流變無常的，因此擺錘只能告訴你某件事發生的可能性而已。而倘若那可能性是件不幸的事，你可能會因那回答造成的預期而把它吸到你身上，而不是去努力帶來一個較幸運的結果。擺錘最大的用處是在發現信念上，而非在作決定上。

40 信念功課：之八

當你檢查意識心的內容時，也許好像你在不同的時候持有那麼多不同的信念，以致你無法把它們融會在一起。然而它們會形成清楚的模式，你會發現一組核心信念，別的信念都圍繞著它們……你可以……找到它們，由你自己的情感開始，或由那些變得最容易觸及到的信念開始……當你檢查你的概念時，你會發現，即使一些顯然彼此矛盾的信念也有相似處，而這些相似點可以用來連接信念之間的空隙——即使是那些看來最相反的信念……這些特性本身會露出來作爲橋樑信念——當你發現它們是什麼時，就能在你自己之內找到一個統一點，從那兒你可以較客觀的看你自己其他的信念系統……彼此融會得不很好的各種核心信念給你互相矛盾的自我形象……常常被誇張的相反情感也會很明顯。一旦你了解了這點，就不難看看你的信念，把這些指認出來，而找出一個橋樑來統一彷彿的矛盾。〔《個人實相的本質》，三五二～三五四頁〕

賽斯對「橋樑信念」的討論，是自珍·羅伯茲的一個經驗升起的，在那個經驗裡，她發現她有一個協調她對自己所具有的兩個互相矛盾的「核心信念」的「橋樑信念」。一個核心信念是：她是個作家。她透過身爲作家這個觀點去看她的經驗世界，鼓勵那些加強她自己這個形象的衝動，而打消其他與此形象無關的。

然後，當她的靈異經驗開始發生時，珍獲得了另一個核心信念：她是個通靈者。於是她開始鼓勵朝向靈異活動的衝動。但很快就出現了一個矛盾：珍發現她自己抗拒任何涉及了寫作的靈異活動。珍的靈異的自己在試圖將其經驗記錄下來時，總是碰到珍的「寫作的自己」的抗拒。在珍通常每日五小時的寫作時間裡，靈異的自己不被允許寫作，而必須另找時間去做。

同時，珍發現她寫作的自己在它們的資料上越來越受限制，因爲沾上「靈異」氣味的主題對一個作家而言是不「正經」的資料。對習於寫作小說和詩的作家自己而言，寫與靈異經驗有關的事並不算「眞正的」寫作。

因此，珍的作家自己一直覺得更受限而嫉妒地維護它的「作者」身份。同時，通靈自己無憂無慮我行我素的製造出成篇累牘的作品，完全不爲作家自己的批判所擾。珍發現她在腦海裡讓它們兩者之間有了個對話，直到有一天她覺悟到：她自己的寫作面和靈異面兩者都是作家——不同類的作家，但兩者卻都是作家。這就是統一了在她心中的兩個自己而解決了衝突的橋樑信念。她不再因把一個自己當作是作家，把另一個自己不當作是作家，而把它們置於敵對的位置。兩個自己都可以寫作，並且用它們希望的不論什麼資料。

就這第八個信念功課而言，審查在你自己心內的矛盾信念。例如，你可能發現你相信自己在某些方面非常有紀律，而在其他方面卻很懶。你發現你「有紀律的」自己對你「懶惰的」自己有所苛責。或也許你相信你自己在一方面是個「女人」，而在另一面是個「上司」，因爲你對女人應怎麼做的信念而無法協調二者。每個人都有許多這種的矛盾信念。

在你的日誌裡，把矛盾的信念分寫在兩行頂端，如：「我很有紀律」和「我很懶」。在每個標題下，寫下這一般性信念所暗含的更明確的信念。例如，在「我很有紀律」之下你可以寫「有紀律是好的」，而在「我很懶」之下寫「懶惰是不好的」。如果你覺得很難想出信念，就想出一些你會歸諸那個人格的一些特性（即：有效率的、多產的；不負責的、無用的），或你對那個自己的感覺，或只是相信那一點的一個自己的行動或舉措。

在你爲每個信念作了一列清單後，看看你是否可以找出統一它們兩者的一個共同因素。例如，在檢查你「有紀律的」和「懶惰的」自己的舉措時，你可能發現兩者都喜歡一種例行公事，只不過懶惰的自己喜歡看某些電視節目及在星期日早上臥床看書，而同時有紀律的自己則做些比較「有生產力」的事。

當然，這個練習的目的是去協調你對自己的矛盾信念，以便你能容許兩「方」和平共存，不致彼此挑剔或批判。藉著找到一個雙方持有的信念，你能把它們帶到一塊兒，而彌補了在彷彿敵對的兩方之間的裂隙。這就消彌了衝突，而讓你可以以你原先相信是不被許可的方式行事。

41 五年之後

想像……在你的主觀生活中也扮演了一個十分重要的角色，因爲它賦予你的信念活動力。你的信念能被轉譯成實質的經驗，是因爲有各種驅動媒介的幫忙，而「想像」是其中之一。因此之故，你對概念和想像之間相互關係的了解，是極爲重要的。爲了要驅逐不適當的信念，而建立起新的，你就必須學會去用你的想像力，把「觀念」在心中移進移出。然後，想像力的正確運用，就可以把概念推送到你們所想要的方向去。〔《個人實相的本質》，一一四頁〕

在這本練習簿裡的許多練習都涉及了利用想像力來作爲發現信念、改變信念及把它們推入實現的一個方法。想像力是我們在「實相創造」裡所能用到的最有力的工具。這個又利用到想像力的練習會與先前的一些練習有所重疊，就像其他練習一樣，都有給予你想開始的新信念及趨向支持與力量的功用。

在你的日誌裡，寫一個你五年後的故事。盡可能詳盡地描寫你的日常生活，包括你的房子、你的衣著、你的食物。想像你每天的活動，你與家人、朋友和同事的互動，你的工作、你的旅遊、你的休閒活動。如果在先前的練習裡，你曾想像你在未來發展出一種才能，那就想像它現在已經發展好了，而想像你正做那些爲運用這個才能你會做的動作。

看看由你的努力所得的產品。如果你曾想像獲得更高深的教育，就看看五年後已完成那教育的你，看你如何利用那教育的成果。盡可能包括感官上的細節——景象、聲音、味道、氣味、觸感。遊戲性地去做，讓影像交相展現。

當你結束時，把你在此所寫的和你在「來自過去的線索」的練習裡所寫的比較，在那兒你寫下你在未來發展了某些技術。這兩個景象比起來如何？自從寫了那第一個練習之後，你的信念改變了嗎？你是否覺得，在這兒，你以一種在先前練習裡所未有的方式把那些技術整合到你投射出的未來裡了？

42 與未來的你做朋友

假設你在年輕的時候，心裡有一個特定的目標，你朝著它努力；可以說，你的意圖、意象、欲望和決心形成一個心靈的力量，而被投射到你的「未來」。你把你自己的實相從你的現在送到你以爲的將來去……比如說，在某一個階段，你有一些決定要做，而不知應該怎麼辦。你也許感覺你有偏離目標的危險，然而，爲了一些其他的理由，却強烈的感到要這樣做。在一個夢或白日夢裡，你可能在心中突然聽見一個聲音，那個聲音以很確定的方式告訴你，「以你最初的心意向前進」……你投射到將來的那個自己，從一個你仍能創造的可能實相給你送回一個鼓勵。然而，那個集中了焦點的自己是由它的現在運作，而在你自己將來的某一天，你可能發現自己懷戀的回想在你自己過去的一刻，當你不能決定該如何做時，却採取了正確的路徑。你也許想：「我很高興我那樣做了。」或「知道我現在所知的，我是多麼慶幸我做了那樣的決定。」而在那一刻，你就是那個「一度」

對過去的那個人說鼓勵的話的「未來自己」。可能的未來趕上了實際的現在。

〔《個人實相的本質》，六四二頁〕

先前，在練習二十裡，我們讀到「單單一次的人生就是一連串轉世的存在」這概念。你十年前的自己並不是你現在的自己。你是現在的你，乃因為你——或先前的你的版本——在你一生中經歷的經驗，但因為那些經驗，你已改變，而不再是經歷它們的你了。那些先前的你非常像轉世的自己——活在不同的時間框架裡的你之種種版本。

我們也看到了，「業報」的觀念如何能適用在此生之內，就像適用於生生世世間一樣。因為你在過去的抉擇，你學到了某些事而沒學到其他的。今天我們關切的是，在我們先前自己打開的區域裡發展，並且也擺脫掉可能使我們躊躇不前的老的行為模式。因為時間並不存在，我們所有先前的自己全部存在於現在，我們可以影響它們，正如它們可以影響我們一樣。我們可以「回到」那些先前的自己那兒去，鼓勵它們，並且在非常時期還可以補充它們的能量。

所有這些也適用於「未來的」自己就如「過去的」自己一樣。在我們的現在，我們曾無數次把自己投射到未來。每當我們有一個關於我們自己在未來的念頭，我們就已「創造出」一個活出那幻想的可能自己，因爲，如我們已知的，我們的每一念都是一個實相、一個已做的行爲，它或是顯現在我們的實相系統裡——如果我們選擇去實現它——或是在別的實相系統裡——一個可能的系統。

轉世的自己與可能的自己關係密切。轉世的自己在這個實相系統裡存在，但由我們的觀點來看，是活在不同的時間框架裡（但由一個「架構二」的觀點來看卻是同時的）；可能的自己則活在一個不同的實相系統——可能系統——裡。在我們的未來——就如在我的過去——有許多可能的自己存在。其中之一會變成未來的「你」。這將是你選擇去「變爲」的那個可能自己。那個自己然後變得在這個實相系統裡實現了，因而成了轉世系統而非可能系統的一部份。

我們對我們想要變成什麼全都有些概念。在這練習簿裡，你已做過一些探索你的潛能的練習，而在現在的威力點裡你曾把自己投射到未來裡。藉由看看你過去的努力，你曾看出在這一生裡你奮力以達的理想心理模式。那個最接近於實現那個模式的理想的自己，是個存在於你未來的可能自己。那個自己某日可能變成實現了的現在的你（當然，如我們已知的，經由變成那個自己你將會改變它）。

你越「認識」這個未來的自己。在未來，你們的路徑越有可能會碰在一起而融合爲一。這個自己能幫助你做會領你越來越接近它的實相的那些選擇。就很像你給你先前的自己鼓勵，這個自己能鼓勵你而當你需要時能更新你的能量。你能由這個自己的智慧獲益，它已經歷了你尚未經驗的事。在未來那兒有一個非常聰明的自己，已完成了許多你還在希望去完成的價值。

回過頭去讀一下你在練習二十九裡就你的理想自己所寫的東西，作爲做這練習的一個準備。在你心裡對你這個未來的自己得到一個清楚的畫面。現在在你的日誌裡，寫下在這個自己與你之間的一次會面的記述。詳細的描寫其背景，描寫你見到的這個人，寫下你們彼此間的對話。請求這個自己沿路給你指引，協商好一個當你們想要彼此通訊時你要用的信號。討論你將來的一些任務，儘量獲得關於怎麼去達成任務的不論什麼忠告。同意在你們的夢裡定期相見。跟它道別。

常常讀這一幕。繼續與這未來的自己做朋友。

43 放下

對任何人的負面、不信任、害怕或貶損的態度都會反過來害自己……你不能逃避你自己的心態，因爲它將形成你所見到的東西的性質……你在別人身上看到的是你認爲你是什麼的投射和具體化，然而却不見得是眞正的你……如果看到別人似乎愛欺騙，那是因爲你欺騙你自己，然後將之向外投射到別人身上……。

〔《靈界的訊息》，二〇九、二一一頁〕

對我而言，我所得到意義最深長的忠告是：別怕。在我們生命裡所有負面的事全都是被我們的想像所引起的。只要我們集中焦點在我們的恐懼上，它們就無論如何都會顯現出來的。如賽斯所說，你得到你專注於其上的東西，而那句話太常會變成：「你得到你所怕的東西。」

如我們所知，情緒和想像力是我們可得的兩個最有力的能量來源。當我們有一個在我們心內喚起恐懼的信念時，我們透過那情緒給了那信念更多力量。而我們的想像力，總是跟隨著信念，就會有更進一步加強那已被放大的情緒的作用。當我們選擇去貫注於引起我們恐懼的信念時，我們就在我們的人生中使那恐懼永存不滅了。

恐懼有許多形式。它可以透過一次頭痛、一次流行性感冒、一次沮喪來顯示，或透過焦慮、嫉妒、憤怒、憎恨顯現出來。它可以藉由失業、失戀或汽車失事來顯示它自己。而它也可藉由別人的行爲而顯現，我們能由其他人令人不安的行爲而看見我們的恐懼向我們反射回來。

對我而言，這是個最難學到的教訓。從一開始，我就覺得「我創造我的實相」非常合理，當它是關乎我身體的狀況、我爲自己安排的生活環境、我採取的行動及其隨後所生的成功或失敗的結果時。我發現很容易接受這些是我爲自己創造了的實相，以及只要我有恐懼性信念並且貫注於其上，它們就會透過這些媒介反映出來這概念。但直到最近我才開始明白我所創造的實相也與別人的特性和行動有關。直到最近我才開始明白，當我一再地非難別人的不負責任和亂丟東西，我是在說出我心內的一種恐懼：也許在心底，我也是像那樣的，縱使我顯然很負責而且秩序井然。

賽斯舉了一個非常勤懇的人的例子，他認爲別人大多是懶惰而一無是處的。雖然沒人會把他認作是懶惰而一無是處，這卻是他害怕自己可能是的樣子，因此他無情地鞭策自己以逃避他害怕自己會有的問題，而把那些特性向外投射到別人身上。

問題是，你無法以這種方式逃避恐懼。當你把它投射到外邊的另一個人身上時，你並沒有擺脫掉它，因爲它仍在令你不安。事實上，它可能比它若以某些其他方式顯示出來還要更令你不安，因爲你不覺得你有辦法控制別人的行動像你能控制你自己的那樣。再一次的，它令你覺得受到你無法控制的外力的擺布。

當我們爽爽快快的承認我們的恐懼（不論它採取什麼形式——憤怒、嫌惡、憎恨、不齒），那麼我們就能做些什麼來減輕它。但當我們持續的在別人身上看到它，那我們只會使它長存而加強了它。我們會一直碰到它，捨棄這個或那個人並非答案，總會有另一個人同意扮演我們投射的角色。我們唯一能「打擊」我們投射出的恐懼的方法就是在我們自己裡面認出它們，而後選擇不再貫注於其上。

那並不總是像聽起來那麼容易做到的！我們由自以爲是的感覺、由優越感、甚至由感覺受壓迫或被誤解都會得到一種亢奮感。不必爲投射出的行爲負責令人很舒服，是另外一個人對我們不好。我們可以眞正痛快地發怒、作受氣包、作烈士——別人對我們不好，我們是無辜的。但我們相信無辜到什麼程度，我們也就相信罪疚到什麼程度，而難就難在這裡。在某個層面我們覺得有罪，因爲我們認識到我們爲自己創造了這個實相。

於是，我們所能採取的一個最勇敢而最有益的行動，就是放下我們對其他人的負面感受。放下我們有的那些感受是被那個別人所引起的這想法；承認我們感受到什麼和知覺到什麼是我們自己的責任，去貶低別人或自覺像個受害者並無好處。去怪別人對我們一點用也沒有；事實上，它只會令我們無法進步，因爲它使我們不能認出那些會一再阻擾我們直到我們認出了它們爲止的恐懼。

在這個針對「放下」的練習裡，以在你的日誌裡作一個你對他們有負面感受的人的名單來開始。然後，分析每一個情形。描寫你對那個人的感覺，譴責？不信任？憤怒？想出每個人做了什麼喚起你心內那種感覺？問你自己：什麼樣的人會做那樣的事？想出一些形容詞（你也許想看看練習十二裡的長單來作參考）。

現在，看著那些形容詞，看它們是否在任何方面適用於你，或者，也許是其反面適用於你。你是否可靠又有秩序，而同時這個人卻是不負責任又愛亂丟東西的？那麼很可能你害怕你自己有那些特質。否則的話，它們爲何會令你不安？當你更深入地探索自己的感受時，你甚至可能發現，你嫉妒那個人，爲的是他「能夠」那樣做，而你卻「不能」。無論如何，經由這分析，你應當能了解，你對這個人的感受是你產生出來的。你有那種感受並非那個人的錯。你無人可怪，那些感受是你的，因此承認它們。到後來，你會因你爲自己的感受負責而非把它們投射到別人身上而覺得好過些，因爲你終會明白對你感覺如何你的確是有所選擇的。只要你把你的恐懼讓給了其他人，你就永遠不能克服它們。

一旦你明白你如何造成了你對那個人的感受，以及什麼在其背後，你應已準備好放下它們了。你會認識到，那個人在你內觸發了一個恐懼；而你必須去對那恐懼下功夫，而非把你的精力浪費在對那人的負面感受上。當你了悟了那一點，你就能放下了。

44 自我催眠

……你們經常不斷地以你自己有意識的思想與暗示來自我催眠。催眠這個名辭只不過是指一種相當正常的狀態，在其中你集中你的注意力，縮小你的焦點到思想或信念的某一個特別的範圍而已。

你花了很大的力氣集中在一個念頭上，通常到了心無旁騖的地步。那是一種相當有意識的作爲，而它本身也表現出信念的重要性，因爲在催眠術下，你「強餵」給自己一個信念，或一個別人——催眠師——給你的信念；但你把你全部的注意力集中在那念頭上。〔《個人實相的本質》，一二九頁〕

賽斯把「現在」比喻爲一個由過去與未來而來的許多溪流注入的「經驗之池」。依照我們相信什麼我們選擇貫注於某條溪流，而調整其水流。如果我們相信過去充滿了痛苦，那麼我們專注其上的任何經驗之溪就會與那信念調適，而由充滿痛苦的過去流入我們現在的生活裡來。如果在我們看來好像「過去」沒有一點快樂，那只因我們現在這樣強烈地集中於負面，以致我們不能容許任何「分心」進入我們的心而給我們看另一幅畫面。因而我們的信念催眠了我們，使我們接受並且貫徹一個既定的世界觀。

那麼，「催眠」就一點都不神奇了。我們經常在用它，在我們腦袋裡對實相的本質做出暗示。我們對這內在的喋喋不休全神貫注，不讓外在世界來分散我們的注意力。這限制了我們的觀點——我們只看見我們的信念使我們看見的東西。我們所見的是我們爲自己創造出的實相。當我們容許新信念進入我們腦中，我們隨之跟自己談它們，集中注意力在它們告訴我們什麼，而以一個新角度去看世界。當我們的信念改變時，我們的實相就改變了。

一次「催眠表演」對「威力之點在當下」提供了戲劇性的證明。當某人對單單一句話強烈地貫注，而沒有外面的干擾使她的注意力離開了此時此地正發生的事時，你可以清楚地看到她貫注其上的那個信念就在你眼前成眞。在我看過的一個示範表演裡，一個女人被催眠了，催眠師叫她集中在這個暗示上：她伸直的左手食指會變得如此僵硬而有力，沒有人能弄彎它。果眞，當催眠的誘導結束了，兩個強壯的男人盡其所能的試著去弄彎那女人的手指，但它就是不屈服——連那女人也非常吃驚，因爲她被給予了記不得催眠時所說的話的進一步暗示。但無論如何在催眠時所給予的信念眞的生效了。

人們有不信任催眠的傾向，因爲他們感覺他們會被迫接受他們通常不接受的暗示。但事實並非如此，沒有催眠師能令我們接受我們不想接受的信念。我們首先必須對它們開放。在一個正式的、安排好的催眠表演與一個一直在我們腦中進行的自然催眠之間，主要的不同是，正式的催眠術是更集中焦點更全神貫注的，因而比自然催眠生效更快。我們不需要別人來催眠我們；我們自己就能做到。而自我催眠——正式的，安排好的催眠——可以是個創造實相的利器。利用它，我們能很快抹掉在我們腦中引起我們問題的句子，而以積極有用的句子來取代它們。

催眠必不可少的兩個成份是：強烈狹窄的焦點以及沒有干擾。焦點越強烈以及分心之事越少，它就會越有效。在驚惶的瞬間，我們常把自己置於一種強烈的催眠狀態，把所有的干擾關在外面——不論它們平常會多苛求你的注意力——而以極大的專注與能量集中焦點在當前的情勢上。這樣我們才能迅速地重振我們的身體，透過我們的新信念，去採取必要的行動——常常是一個我們在正常情況下不認爲我們能做到的行動。那恐慌的情況使我們把我們通常對自己能力有限的信念暫置一旁，而以一個能使我們脫困的信念去取代它。

自然，當我們在驚惶時，我們絕非放鬆的。但一般而言，放鬆對帶來一個催眠狀況很有幫助，因爲它使身體安靜下來，因此心智不至於常想到來自身體的訊息。如果我們能完全放鬆，把我們的注意力完全集中在一個信念而排除了所有其他的信念，我們在使信念具體顯現出來上就能非常有效。事實上，一旦我們覺察到我們持有的信念及我們所要的信念，這可能是最有效的方法之一。

爲這練習，你將製作一個十五分鐘的自我催眠錄音帶，給你自己一節正式的、安排好的催眠。如果你沒有錄音機，你也可能想像自己在一節催眠表演裡，但那樣的話，你比較不容易達到你用錄音帶所能達到的強烈集中。

你在錄音帶中要以放鬆的暗示來開始，然後集中在你想將之實現的信念之單一聲明上。此地是一個對你的「催眠」劇本之建議，但你也許想作些改變以適合你自己的說話風格。如果你聽起來不像「你自己」，可能會令你分心。

躺下，放鬆。深深吸一口氣。（停頓。）現在慢慢地呼氣，感覺你的身體更鬆弛了。（停頓。）再深深吸一口氣。（停頓。）慢慢呼出來。（停頓。）繼續做深呼吸。每一次呼吸你的身體就變得更放鬆了。

(緩慢地說出以下每句話，在每句之間停頓。)你可以感覺鬆弛進入了你的大脚趾……你的大脚趾放鬆了……現在鬆弛上到了你脚掌的地方……你的脚掌也放鬆了……現在鬆弛移上到你的脚踝處……它們在床上放鬆了……鬆弛之波慢慢……慢慢……移到你的小腿……小腿放鬆……放鬆……放下……現在當你的膝蓋完全放鬆時，感覺在你膝裡的鬆弛……現在鬆弛移上到你的大腿了……而你可以感覺它們變得像沉重的秤錘陷入牀裡去了……完全……完全的放鬆……現在你的骨盤正在放鬆，當鬆弛一波又一波的通過你的肌肉，你的骨盤陷進床裡去了……你的臀部也一樣，在床上全然放鬆了……現在你能感受到鬆弛在你脊椎和骨盤會合的後腰部份……後腰完全、完全的放鬆了……現在鬆弛慢慢沿著脊椎上移而進入肩胛骨……你可以感覺它們在床上，放鬆了而沉入床裡……而你的肩膀也在放鬆……沉入床裡……

現在你感覺鬆弛由你的肩膀向外散布到你的上臂……你能感覺你上臂的肌肉放鬆了……完全放鬆在床上……鬆弛向下延伸到肘部而它們也放鬆了……完全放鬆在床上……鬆弛達到你的前臂……它們放鬆而沉入軟軟的床裡……完全放鬆了……你的手腕也放鬆了……現在你的雙手也感覺到那鬆弛之波，而當它們放在床上時完全癱軟了……現在鬆弛之波向回移上手臂到了肩膀，繼續進到後頸處，肩膀與頸子會合的地方，你可以感覺到你身體的那部份完全、完全的軟掉、鬆弛、癱在床上了……現在你感覺那鬆弛沿頸而上到了頸背處……頸背放鬆了……現在你能感覺那鬆弛蔓延到整個頭皮……當你的頭皮完全放鬆時，你感覺到整個頭皮酥麻的鬆弛……現在那鬆弛蔓延到你的臉了……你感覺你的前額變得平滑鬆弛……你的雙眼柔軟又放鬆……你能感覺那鬆弛在你的臉頰裡，當它們在你臉上變得鬆泡泡而放鬆了……你嘴的四周全放鬆了……你的舌頭也鬆了……鬆弛到了你的上下顎裡……你的顎感覺鬆垮下來而放鬆了……現在……你的全身……都全然地……全然地……放鬆了……沉到床裡……舒服極了……你全然地放鬆了。

現在你既然已經讓自己放鬆了，你已準備好作暗示了。要確知它是一個正面的、無拘束性的暗示。例如：「我克服了我的怕羞，我的怕羞消失了。」只會提醒你你相信自己害羞的信念，反而是有反效果的；相反的，說「當我和別人談話時，我覺得很鎮定而放鬆。」或類似的話。你餘下的錄音帶也許是這樣的：

現在你是在一種放鬆的狀態……一種深深放鬆的狀態……而你的心智完全開放而警醒……你能夠完全集中在這個信念聲明上……你能暫時把所有其他的信念擱置而完全接受這個聲明……完全集中在這聲明上會啟動你的生理與心理的模式……而它們隨之會把這信念帶入現實……所有你需做的只是注意傾聽——對這信念集中心神……那是所有你需要做的，就是把你的注意力完全集中在這信念上……在如此做時，你將使那機制開始發動，而把這信念帶入現實……現在，把你的注意力完全集中在這聲明上。

現在緩慢而加強語氣的說出那聲明，一而再，再而三的。每次你可以強調不同的字眼，因此在聆聽時，你會因這些語調之微細變化而保持警覺，或你也許想以不同的方式措辭。但只用一個概念，而再三重複的說它，直到你用掉了約十三分鐘的錄音帶。你可以每隔一、二分鐘就提醒自己，對這聲明集中焦點會啟動那把這信念帶入現實的機制。

然後在錄音帶的最後兩分鐘裡，慢慢把你自己帶出你鬆弛的、催眠的狀態：

你現在已把一個新信念啓動起來了……那個新信念現在已是你實相的一部份了……它是你生活的一部份……你已做好啓動那信念所需的事，而它現在已是你實相的一部份了……那是你使那信念成爲一個實相所需做的一切……你不需要再去想它了……你知道，從你當下的威力之點，你已把那信念啓動了……它很快就會顯現在你的每日生活裡……你不需要再做什麼……現在你可以慢慢的叫醒你自己……就好像你剛睡了一個放鬆的覺，而你覺得爽快極了……充滿了精力……你的腦筋清楚而警醒，你的身體充滿了活力……你覺得非常安詳而充滿了平靜……以及對你自己的確創造了你自己的實相的信心……你現在正在醒轉，身心舒暢無比……醒來，充滿了活力和生命帶來的喜悅……數到五的時候，你會睜開眼睛而完全清醒……一……二……三……四……五。完全清醒而急於出發了！

如果你預備在晚上睡前放這帶子，就反過來建議你會落入你平常的睡眠裡，而你會睡得很好，神清氣爽的醒來。常常播放這個帶子，而當你已實現它上面的信念時，洗掉那部份的錄音而併入一個要下功夫的新信念。

45 信念功課：之九

你們無法藉由遍訪名師或博覽群書來找到自己。藉由追隨任何特定的專門化的冥想方法，你們也不會見到你們自己。只有由安靜地內觀你所知的自己，你才能體驗到你自己的實相。〔《靈魂永生》，五三六頁〕

這最後一個信念功課是要你集中焦點在你想在你自己內部培養的建設性信念。首先，在你的日誌裡，把你想看到在身、心兩方面顯現出來的結果作個清單。其中之一也許是增加了的創造力，另一個也許是一個較高薪的工作。在你把這些記下來之後，想出幾個會導致每個結果的信念。一定要弄清楚它們沒在某些方面有局限性，而它們與你列下的其他信念也沒有衝突。現在看看你能否組合某些信念，或把它們包括在一個可以對兩三個目標都有幫助的比較一般性的信念之下。繼續這樣做，直到最後你剩下了很容易記得的一或兩個很有力的信念聲明爲止。每天對這些聲明做好幾次的「肯定」。

46 你的「神」

沒有基督教式的個人的「神之個體」(GOD-INDIVIDUAL)，但你的確能接近「一切萬有」之一部份、高度調適於你的一部份……「一切萬有」有個部份導向並集中焦點於每個個人之內，居於每個意識內。因此，每個意識都被珍愛，並受到個別的保護。整體意識的這一部份在你內個人化了。

基於人對他自己心理的渺小認識，神格常被想像為一個單次元的觀念。再說一次，你們喜歡去把它想作是「神」的，其實是一個能量完形或金字塔意識。它知覺到它自己為……最小的種子……知覺它自己為你，集中焦點在你的存在之內的「一切萬有」的這個部份當必要時可以向它呼救求援。這一部份同時也知它自己為比你要更多。你明白，認識它自己為你，並為比你更多的這一部份，就是個人的神。[《靈界的訊息》，三一五頁]

在《珍的神》裡，珍・羅伯茲說出是什麼給了她採用那個書名的靈感。

> 我們與別人分享這世界，但它有一部份帶有個人性的重要性。我們以不同於任何人的眼光看它們。那天早晨對我而言就是如此。沒有任何一個人從我自己個人的觀點去看我所看的東西。我覺得好像我被授予了看見世界——或我這邊的世界——的開始這個特權。或，我突然想到，那就像是看你自己心靈的一個新角落轉變成樹木、花草、青蛙和天空——我們已遺忘或我已遺忘的一個充滿希望的、神奇的、一直在進入存在裡的心靈的那部份。我覺得好像我正在觀看我一直在追求的我自己的那個部份，那是眼瞳亮如孩童、一縱即逝、與它自己的「知曉」合一的部份；那個其存在與日常俗事無干的部份；那是我與宇宙直接相連的部份；那個部份代表我在我生命的分分秒秒裡由它浮出的宇宙的那個切面，而在那一秒我命名它爲「珍的神」……我不知是我變成了早晨呢，或早晨變成了我，但我確知「珍的神」將是我書的標題。〔《珍的神》，〇六四～〇六五頁〕

她對那個概念越想越歡喜，因爲它以「每個人與宇宙之間都有一個親密的聯繫」爲先決條件，並且也在一個人自己私人的「神」和「宇宙之神」或「一切萬有」之間作了一個區分。她寫道：

舉例來說，當我用「珍的神」這個詞的時候，我是指或試著與正在成形的——正在把某個無法定義的神性轉入這個活生生的血肉之軀裡——我的宇宙的那個部份接觸。例如，我並沒試著去接觸亞伯阿罕的神，或聖經上的基督，或在所有實相後的那個無法解釋的力量。我的企圖要更謙遜、更個人化、更明確：我要接觸形成我的形象的「一切萬有」那微小部份，祂把祂自己或祂的一部份變成了我的經驗……那個「珍的神」必然是與神性的整匹布連在一起的，但我並沒要求「一切萬有」的整個注意力都轉到我的方向。再說，根本也沒有這個必要，既然依賽斯所說，「一切萬有」的任何部份都包含了對它所有其他部份的知識。〔《珍的神》，〇六五～〇六六頁〕

珍告訴她的朋友蘇・華京斯這個想法，而蘇頗爲之著迷，幾天後她給珍一首她的詩，爲她自己詮釋那個想法：

蘇的神

她開著一輛骯髒的汽車，
一塊擋泥板彎扭成錫紙冷笑。
這是**她**的太陽戰車。
她的世界旅遊於
(正如他們猜測的)
老祖父龜的脊背上。
十分滑稽，我親愛的
神。
她走過鄉村大道而熱烈地
隱藏**她**的神性於

她的皮包內。
而有時她忘了
不小心地讓
她的支票簿自己去平衡，
或想念秋天而使
樹葉太快轉紅轉金。
小過五次，我親愛的
神。

她認爲「男人的神」
可算是個無聊的笨蛋。
她喜愛欲望、
她喜愛去愛人，
至於說到被愛，啊，也罷——
有時她根本不

確定**她**想要
隨之而來的那人。
（**她**不喜歡烹調。）
阿哈！但這說明了
她爲何把
關於「男人的神」
那本書
扔在一邊了！
那個笨龜兒子戒絕
去利用
他自己那互補的一塊
肉！
想得妙，我親愛的
神。

有一回，在將一種像魚似的
東西培養成一個
能作用的成人之後，**她**說：
「我什麼事都
做不好。」
坦白地說，甚至
「男人的神」
也會對那句話發笑。

直等到**她**看見
擁有信心並非
那麼輕鬆容易
像那些身上扎滿了
箭或不論什麼的

烈士們所聲稱。
事實上，
並不需要
那樣才有信心——
他們太慘了，天可憐見。
「蘇的神」創造了「大地」。
我自己親眼
見**她**做成一切。

當我在《珍的神》裡讀到蘇的詩之後，我也得到了鼓舞，而有一天在我的日誌裡塗鴨般寫下：

南西的神

開著一部橙黃、泥濘的吉普
頂蓬放下了，顛顛簸簸地滾過甘蔗路
向外凝望豐潤的青山
她特別的山
有沒別人也那樣看它們？
天啊，沒有。
氣喘吁吁地爬上四層樓梯
進教室——遲到
在排成半圓形的椅子中間揀個位子
她的學生不等她已開始了
而幾乎沒注意她的到來——

他們看來多麼可疼可愛
有沒別人也那樣看他們？
天啊，沒有。

一個學生看她
在她無窗的冷感辦公室裡
書架上堆滿了教學資料
說出了這地方的唯一目的
一個資料寶庫
而以她爲綜合處理者
有沒別人也那樣看事情？
天啊，沒有。

五點回到家
猫兒出現了好像未卜先知

在海灘散個步
慢慢的、時時駐足回顧
「海利哇市」
或向外看衝浪人
她一逕覺知脚下的沙
色澤亮麗的珊瑚
海的氣味和聲音
有沒別人也那樣津津玩味？
天啊，沒有。
坐在紗窗遮蔽的陽台上
天色漸暗
飲一點酒、吸一口煙
聆聽及
思考

靜觀念頭行過
注意它們由
一個變到另一個的
方式
由一個不同視角體驗它們
有沒別人也那樣思考？
天啊，沒有。
走進她的畫室
堆積如山的畫作
美感、高貴、簡單
卻強烈
她瀏覽她的素描
其一吸引了她的目光
不久她便在

把她的形象
轉移到畫布上。
隨後她會縫
繼之她會塡棉
細品那等待的滋味
在她看見
它有機性的
在三度空間裡
長成之前
有沒別人以這種方式創造？
天啊，沒有。

如你們看出來的，這兩首詩是全然的不同，每一個反映出對「存在」的一個極爲個人性的焦點，每一個由一個不同的中心觀察。當作這本書的最後一個練習，看你能否把身爲你是什麼感覺訴諸文字——你自己獨特的個人實相之創造者、透過你聚焦的「一切萬有」的那部份之一個個人化，那個是內在與外在世界交會點的焦點。

寫一首你自己的題爲「我（或你的名字）的神」的詩，看看當那些意象開始流動時會發生什麼。使你如此與衆不同的是什麼？你私人的經驗於你彷彿是如此平常，然而卻與任何人的都不一樣。對其他任何人它都是不同凡響的。耽溺在那個非凡的你自己裡吧！

跋

如果你匆匆地閱讀到了這麼遠的地步，你便已知這本精明而不可思議地實際的書是講些什麼了。從珍・羅伯茲相當「軍容壯盛」的作品陣容裡，南西・艾希里蒐集了賽斯的主要概念，而把它們精煉成四十六個簡明的章節。那麼，對老練的賽斯迷而言，這卷書是那些很適宜記在腦子裡的要點的一個極爲有價值的提示。至於那些還未讀過原著的人，艾希里女士也爲他們做了一項卓越的工作，把賽斯的概念以「速成課」的方式清晰而易解地表現出來。

如果她僅僅做到了那一點，這本書仍然是「値回票價的」，但它還提供了一系列的「心理練習」。有些是賽斯的；其他則是由艾女士本人的衝動與經驗升起的。全都是同等的有用，同等的起著解放作用。如果你曾暫停閱讀而試試任何一樣，你也許已在你的每日生活中被賜與了改變，好比說，新的熱情和精力；或眩麗豐美的特藝彩色的夢；或（像在我的例子裡）街上的人變得較快樂、較友善而且較好看——眞的在一夜之間。

但在最先的成功的激動和一串輕易的突破之後，那些改變可能遭遇一個減速。在一個太過短暫的心靈亢奮狀態之後，你可能會挖到未預料到的痛苦礦脈，或發現一大堆令人困惑的負面信念，看來像是多到令你無法應付。更糟的是，你也許覺得自己又重掉入你首先以爲藉由做那些練習你已避過了的實相裡。爲什麼會有這種「報酬的遞減」？或者你最初的成就只不過是「初學者的好運」？

我自己也問過這種問題。那也就是我爲何要求寫篇跋的原因，以使碰到同樣難題的讀者恢復信心。

事情是這樣的：當Prentice Hall寄給我這本書校訂時，我在我情感生活的某個特定區域正如漂流在大海裡（比喻的說）。在做了這本書裡的幾個練習之後，我體驗到一些令人驚訝而很受歡迎的改變——卻沒發現自己在我最希望看到進步的那個區域離岸更近一些！我深感受騙——被誰或被什麼，我卻不大確定。然後，突然地，在所有的悲痛與迷亂之中，那使我淹死在水裡的（可以這樣比喻）至今仍隱藏著的信念突然跳了出來。

不怎麼令人驚訝的是，它們大多是恐懼和懷疑：萬一我被捲進浪裡怎麼辦？萬一海盜埋伏在那些棕櫚樹後怎麼辦？而——最令人驚愕的是——那片特定的乾地又有什麼了不起？令我真心感到驚訝的是，我發現我其實並不全心渴望兩棲性的著陸於我長久尋覓的目標沙灘上。我反倒情願多花些時間四處涉水玩玩，享受波濤之搖盪，也許讓那潮水把我帶到一個甚至更好的登陸處。

因而，那在一開始看起來像是一次完全的失敗，結果却是一種鬼鬼祟祟的成功。那令我發現了這本書的眞正巧妙處：根本沒辦法做錯這些練習！如果你由某一組的指示毫無所得，那並不表示你做錯了任何事。毋寧是，它暗示你是處於一個根頗爲深的信念裡，一個現在已準備好接受你有意識的偵察的信念。人類心靈並非永遠採行兩點之間的最短路徑，而如果你的信念不是全都拉向同一個方向，你可能像我一樣，發現你自己莫名其妙地滯留在無風的海洋裡。

那麼，這本書本身並不會帶你到檀香山，它也並非什麼減輕你多次元「成長痛」的心靈的阿斯匹林。它所能做的是助你拔起那錨：阻止你隨著你人生的「更大潮流」而流、阻止你自然地漂蕩，無可避免而且平靜地朝向那最能成就你目的之陸地——或（這兒是另一個鬼祟之處！）阻止你到不論哪塊你認爲你想抵達的陸地的錨。如我好不容易發現的，一個人的價值和目標、一個人的「旅行路線」及「旅行計劃」也是一套套的信念。

當然，你能改變那些信念，就像我將把這些航海比喻丟開一樣容易。有如這本書裡的練習很快會證明的，信念可以和我們所穿的衣服一樣的變化多端、好玩並且有創造潛力。而我最親愛的讀者，那又是由這本書的書頁躍出的另一個教訓：你可以像你每天早晨由衣櫥裡選擇衣服那樣容易地選擇你的信念。

當然，這個信念如衣服的比喻並非完全正確，因爲就信念而言，「每天早晨」就是「當下」。同時，你的信念櫥眞的是無限量的，其衣架數目、樣式、衣料與顏色都多到你永遠沒機會一一試穿的地步。然而，這比較仍然是有用的，因爲信念——正如衣服一樣——可以同時既對你有幫助又是限制性的。如果你堅持只穿牛仔褲信念，你進不了許多豪華飯店的門。但在另一方面，如果你老是穿著晚禮服信念，你也不會受邀去看很多排球賽。很明顯地，當時間和地點都適宜的時候你會想能改變信念。但這也正就是事情可能會變得有點棘手的地方。

有一對我認識的夫婦，在去度一週的假之前把他們的小兒子留給奶奶照顧，並告訴那男孩（他以前從沒自己穿過衣服）一定要每天穿上乾淨的內衣褲。你猜中了：當他們回到家，那小子正裹在七套內衣褲裡——一套在一套外面——蹣跚而行。就信念而言也是一樣：我們太常（雖然大半是爲了自我保護）穿得過多。隨後我們又奇怪爲何肉體生存有時如此令人汗流浹背，爲何我們無法自由而自發地來去。更糟的是，我們開始嫉妒那些街尾的小孩們，因爲他們好似幾乎沒帶著任何信念地跑來跑去——而居然還可逃過任何懲罰！

簡而言之，試穿新信念你一定得脫下其他的信念（研究哲學的人得回想到那個有名的十七世紀的脫衣舞者笛卡爾，發明基本內衣——所謂Cogito ergo sum〔譯註：我思故我在〕——的人）。但最好放輕鬆去做：當我在讀這本書時，有一陣子我擔心也許我在慢吞吞的走過各種各式的局限性信念，我變得不耐煩去試著一一發現它們了。反之，我決定只以一個萬全的信念聲明來釋放整堆的局限性信念——**唯有有助益及有活力的信念才會在我生活中起作用**——而照練習四十四的指示去運用它。

那有什麼不對？好吧，有差不多兩週之久，我的思想被已無處可投宿的惴惴不安的黑色負面念頭所充滿。還不止於此，結果我發現就像有「橋樑信念」（如在練習四十裡解釋的）一樣，在心靈裡也還有比較非活性的「緩衝」信念使互相矛盾的衝動不致彼此相撞。事實上，前面所提到的「肯定詞」拉掉了我所有的棉花填料。因此有一陣子，我有非常多相互衝突的價值和意見在四周鬆散地滑來滑去，而且砰的一聲彼此互撞。我花了一些時間才掃乾淨所有心理上的碎片。

問題是，不論你和我現在穿著的信念是多麼的不合適，我們卻一度爲了非常好的理由選擇了它們。從前有個時候它們曾令我們感覺溫暖、有信心並且有能力。自然啦，時代與時尚會改變。信念尤其容易不再風行及耗損，但那並不表示當初我們曾採納了它們我們就是笨蛋。所以換句話說，如果你的信念過時了，你也不必太苛責自己。

同時也不要對它們太苛責。任何你曾持有的信念仍值得某種尊重——光只爲了思想本來就是活生生的、有意識的構造物。因此，去「消滅」或「殺死」一個你想擺脫掉的信念並不適當。你該做的是巧妙地設計出一種優雅、圓滑的告別辭令：嘿，對××的信念，你現在已卸任了。去打卡吧。把腳抬高，放鬆，享受你的退休生涯吧。或，如果你比較拘禮的話：親愛的信念，你曾經指導並支持我，完全像我創造你去做的樣子。但是，現在，令你出生的境況已不再適用了。所以請離開吧，以便你和我兩者都還能繼續進展。

好吧，現在你已準備好選擇一個更有益的代替信念。但此處又是一個事情可能會變得棘手的地方。

如果人們選購新信念和他們細看新的歐風時裝那麼小心仔細的話，無疑我們在日常生活裡全都會穿著更爲「得體」。但除非有人帶來一本「信念大全」或引介一組「設計家」信念以供你摹倣其樣式，否則你必須用你自己最好的判斷。你如何選擇配合你想過的生活之信念？很容易！下回當你要由信念櫥櫃裡作選擇時，翻到練習十五及三十四。對我而言，這兩個「刷新記憶」的練習凸顯出人生能是什麼樣子的最佳意象。在那之後就很容易選擇出適合這種場合的新信念了。

培養這種眼光讓你由「把信念當作衣服」的比喻裡再擠出另一個洞見：你不必穿「傳統的」信念只因你的家人、配偶或朋友穿它們。你可以放棄中世紀神聖的苦行僧衣式的信念以及防衛性的「鎖子冑甲」信念，還有你老祖母時代的「賽璐珞領子」信念及「鯨魚骨胸衣」信念。你可以有禮貌地把你十二歲生日時老爸老媽送你的信念交換一些眞正適合你的新信念（實際上，根本沒有所謂「二手貨」信念，因爲任何你持有的信念完全是你自己的創造——也許是一個手藝極精巧的複製品，但無論如何仍是你自己全新的作品）。

也許你終究發現你甚至並不需要一個全新的信念衣櫥。也許你只需修改你已有的信念，使它們更舒服，而稍微比較不那麼令人拘束。但無論如何，在物質實相與新信念變得一致之前，總有一段適應期——而這段「修改」期可能很長，有時令人氣餒。

有個老傳說說羅馬眞的是在一天內造成的，但卻被建管處百般挑剔。那就是爲什麼你最好給一個新信念足夠時間生效。在你採用了任何新的「肯定詞」之後，它也許彷彿消失無蹤了——但那只因爲你正穿著它！你可能對它再無所覺，直到你在一個「心理鏡子」裡驚鴻一瞥，看見你看來多漂亮（見練習四十三，你便可找到一面這種鏡子。）而你的情緒和想像很可能像個「迴轉機」那樣作用，使你難以改變方向，直到新信念開始被用慣了，變成了第二天性爲止。當你發現自己出於習慣的伸手去找一個不再在那兒的口袋時，你也許甚至會想念你的舊信念。全都完全正常！你也許甚至如此被其結果事件之戲劇所吸引，以致你忘了你最初肯定的是什麼（但那也很好。如果你經常覺察一部電影只是部電影，那就不太好玩了，不是嗎？）。

但那些改變不論多小，遲早會來。那時你可以採用甚至更漂亮的信念以與那新實相相配——而如果你不一舉就改變，也可以分期付款式的逐步改變。但作這本書裡的練習可以使你成爲換裝迅速的演員，使整個過程加速不少。

舉例來說，當我開始寫這篇「跋」的初稿時，我覺得很不舒服——我假定主要是因爲我把勞動節的長週末全花在一個狂熱的打字馬拉松上，以完成一項自六月起就是我的頭號優先之課題。我的身體正在由一個長期的「腎上腺素警報」放鬆下來；而再加上一次不合時宜的熱浪，使我的感覺悲慘有完全說得通的理由。

不過我隨即決定去接觸一下艾女士在她頭一個練習裡說到的「感覺基調」。很快的，我不但能感受到過去與未來的健康之活泉，而且還感受到我把目前的能量轉移到這些令人不愉快的病癥的相當具創造性的方法。基本上，結束那費時三個月的工作，在我的日常時間表裡留下了一種力量之眞空。現在，好幾週來我必須否認的強烈衝動——創造性的、情感上的、職業上的——全都在爭那空下來的頂尖位置，彼此嘮叨咒罵。

我以把我的職業性衝動——也就是，寫這篇跋——放回到第一位來擺平那口角。我幾乎立刻覺得具體地舒服多了，在一種愉悅的創造和高度熱誠的狀態，迅速地完成你現在在看的初稿。

再給諸位最後的兩個提醒：到此爲止，這些只是《賽斯修練法》令我無意中碰上的發現之中的少數幾個而已！但，當然，我剛才在慢慢講述的種種比喻本身也是信念——而正如任何其他信念一樣，它們也是看待實相及創造它的一種方法；而不可與實相本身混爲一談。我歡迎你們分享我的發現，但切勿假設它們必然是這本書將在你們心內引出的同樣洞見。如果你不捲起你自己「信念的袖子」，踼掉你「信念的鞋子」而在這些練習上花些眞功夫的話，你就太辜負了艾女士——而且也欺騙了你自己。

譚·莫斯曼

於賓州費城

請沿此虛線剪下後，寄回新時代系列讀友會

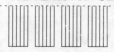

廣　告　回　函
北區郵政管理局登記 證北臺字6300號
免　貼　郵　資

台北市南京東路四段50號6樓之1
（新時代系列讀友會）

方智出版社　收

姓名：
住址：
電話：

新時代系列讀友卡

謝謝您購買這本書！
為了提供更好的服務，請您詳細填寫本卡各欄，免貼郵票，寄回給我們，您將成為本社新時代系列讀友會之友，不定期收到各項最近出版消息，並參加我們提供的各項活動。

姓名：＿＿＿＿＿＿ 性別：＿＿＿＿ 年齡：＿＿＿＿

地址：＿＿＿＿＿＿＿＿＿＿＿＿＿＿＿＿＿＿＿

職業：□軍 □公 □教 □工商 □學生 □其他

購買書名：＿＿＿＿＿＿＿＿＿＿＿＿＿＿＿＿

購買書店：＿＿＿＿＿＿＿＿＿＿＿＿＿＿＿＿

購買媒介：□雜誌廣告 □直接信函 □報紙廣告
□逛書店 □友人介紹

對新時代系列最感興趣的主題：

□心理 □超心理 □哲學 □轉世 □科學
□宗教 □催眠 □出體 □外太空 □夢
□賽斯 □克氏 □整體醫學

其他：＿＿＿＿＿＿＿＿＿＿＿＿＿＿＿＿＿＿＿

希望舉辦的活動：

□讀書會 □演講 □工作坊 其他：＿＿＿＿＿＿

其他建議：＿＿＿＿＿＿＿＿＿＿＿＿＿＿＿＿

國立中央圖書館出版品預行編目資料

心靈探險／賽斯修練法／Nancy Ashley著；王季慶譯. --初版. --臺北市：方智， 民83
面； 公分. --(新時代系列)
譯自：Create your own reality：a Seth workbook
ISBN 957-679-171-5 (平裝)

1.通靈術

290 83005106

ISBN 957-679-171-5

方智出版社
FINE PRESS

◎新時代系列30

心靈探險——賽斯修練法

●定價180元

作者／Nancy Ashley
譯者／王季慶
發行人／曹又方
出版者／方智出版社
地址／台北市南京東路四段50號6F之1
電話／五七九六六〇〇（代表號）
傳真／五七九〇三三八・五七七三二二〇
郵撥帳號／一三六三三〇八一 方智出版社
登記證／行政院新聞局局版台業字第四三六一號
責任編輯／應桂華
美術編輯／林品君
原書名／A Seth Workbook—Create Your Own Reality
原出版者／Simon & Schuster, Inc.
版權代理／大蘋果股份有限公司 呂光東博士
法律顧問／蕭雄淋律師
印刷／祥峯印刷廠
中華民國83年7月 初版

請沿此虛線剪下後，寄回本公司！

廣　告　回　信
北區郵政管理局登記 證北臺字6300號
免　貼　郵　資

台北市南京東路4段50號6F之1

方智出版社　收

姓名：

地址：

方智叢書讀者服務卡

謝謝您購買這本書！
爲了提供更好的服務，請您詳細填寫本卡各欄，免貼郵票，寄回給我們，您將成爲本社出版之友，不定期收到各項最新出版消息，並享受我們提供的各項優待。

我□已是「方智出版之友」，編號：________
□新申請加入方智出版之友

姓名：________ 性別：______ 年齡：______

地址：________________

職業：□軍 □公 □教 □工商 □學生 □其他

購買書名：________________

購買書店：________________

購買媒介：□ ________雜誌廣告 □直接信函
□ ________報紙廣告 □逛書店
□友人介紹

對方智的建議：

____
____
____
____
____
____

方智出版社
地址／台北市南京東路4段50號6F之1
電話／(02)5798800·5796600